HISTOIRE
DE
CLICHY-LA-GARENNE.

HISTOIRE

DE

CLICHY-LA-GARENNE,

PAR M. L'ABBÉ LECANU,

Membre de la Société des Antiquaires de Normandie
et de plusieurs autres Sociétés savantes.

PARIS,

IMPRIMERIE DE POUSSIELGUE,
RUE DU CROISSANT, N. 12.

1848

Ouyr livres et compter les faiz des anciens par lesquels, soubz la grace de Nostre Seigneur, duquel tous biens viennent, cognaissance de raison est donnée à tout humain, est remède de confort pour la pensée eslever et entroublier l'adversité mondaine par laquelle maint cueur est desvoyé.

(*Chronique de Duguesclin*, Préface.)

A NOS SOUSCRIPTEURS.

Le désir de savoir est le plus funeste présent que la nature ait fait à l'homme, a dit un sage de l'antiquité. Nous en conviendrons volontiers, car si *savoir* est un bonheur, *apprendre* est un tourment. Eh bien ! alors, pourquoi tant apprendre, direz-vous, et à quoi cela sert-il? Il ne *sert* pas à grand'chose, nous en conviendrons encore : il est maint auteur qui

Passe l'été sans linge et l'hiver sans manteau.

Mais pourquoi étudier ! Demandez plutôt à l'eau pourquoi elle coule, à la flamme pourquoi elle s'élève. Est-on maître de ne pas étudier, de ne pas manger, de ne pas dormir. Ne pas étudier, ne pas apprendre chaque jour quelque chose, serait un tourment plus cruel que l'autre, pour quiconque est né avec cette vocation.

Cependant on n'apprend pas pour soi seul, car ce serait un stérile labeur. Voilà, chers et honorables souscripteurs, tout le secret de ce livre. L'auteur, dans ses moments de loisir, a étudié l'histoire du pays qu'il habite avec vous, et après l'avoir apprise, il a cédé à la pensée de vous en faire part. Maintenant il vous présente avec effusion de cœur l'expression de sa vive reconnaissance, pour la preuve de confiance et d'amitié que vous lui avez donnée, en l'aidant par vos souscriptions.

Nos ancêtres, vous le savez, évoquaient les morts, et quelquefois le démon, pour apprendre, par son intermédiaire, le passé, le présent et l'avenir ; comme si l'avenir n'appartenait pas à Dieu seul, le présent à tout le monde, et le passé à l'histoire. Julien l'Apostat, qui foula sous ses pieds la même terre que nous, était un grand nécromancien, ou, du moins, il aurait bien voulu l'être. Il égorgeait parfois des femmes et des enfants, pour avoir des morts à consulter, tandis que leur cœur était encore palpitant de la chaleur de la vie. Saul, le premier roi des Juifs, était moins cruel, sans être moins indiscret ; vous savez son histoire.

L'historien, lui aussi, évoque les morts, et, assumant par anticipation le rôle de la Divinité même au grand jour des vivants et des morts, lorsque toutes les générations qui ont été, qui sont et qui seront, comparaîtront devant le tribunal suprême pour être jugées, il interroge sur leurs œuvres ceux qui ne sont plus, et les pèse au poids de sa balance. Selon qu'il les trouve bons ou mauvais, il érige à leur mémoire un glorieux piédestal, ou l'attache au pilori de l'infamie.

Mais quittons ces comparaisons, dont l'une est dégradante, et l'autre trop ambitieuse.

Lorsque le dévot musulman aperçoit sur son passage un fragment de papier, il le relève et le serre précieusement, dans la pensée que le nom ineffable d'*Allah* y est peut-être écrit. Lorsque l'Arabe du désert, sorti de sa terre natale, rencontre une ruine, un tombeau, il les fouille, dans l'espoir d'y trouver un trésor. Ainsi fait l'historien : c'est ainsi qu'il va furetant les ruines, les monuments; recueillant livres, manuscrits, parchemins, écritures de tous les âges ; puis il se crève les yeux à lire ce qui est illisible, il se creuse le cerveau à deviner ce qui est énigmatique, il se met en frais d'imagination pour faire revivre ce qui fut autrefois; compilant, combinant, comparant les choses en apparence les plus disparates, et soigneux de faire disparaître jusqu'à la trace de ses efforts. Il retourne les pierres sens dessus dessous, pour leur demander une date; une vieillerie, un fragment de tuile, un morceau de fer rouillé, moins que cela, un rien, sont pour lui des objets d'un grand prix. Il passe ses jours en compagnie des morts, s'informant à peine s'il existe encore des vivants. Il lui importe aussi peu qu'à Archimède si Syracuse est en flammes, pourvu qu'il trouve la solution de son problème.

Il meuble son portefeuille, sa mémoire, d'objets de rebut, comme le chiffonnier remplit sa hotte de tout ce que le public a jeté dans la rue; puis il se sert pour écrire ses pages plus ou moins intéressantes, de la feuille de papier plus ou moins blanche que celui-ci lui préparait.

Qu'est-ce donc qu'un historien? C'est un homme, un pauvre maniaque, si vous voulez, dévoré du désir d'apprendre ce qui s'est fait, dit et pensé dans les siècles passés, et de la démangeaison de dire au public ce qu'il a appris. Maladie qui n'est guère contagieuse, folie bien innocente. Il a laissé passer inaperçus les événements de juin; mais il vous raconterait à merveille les détails de la mort de Codrus; il vous dirait même, si vous le pressiez, laquelle des deux mains Artaxerxès avait plus longue que l'autre.

Mais parlons de notre histoire! Non; lisez plutôt. Si vous remarquez que l'auteur a relevé nombre de fautes commises par ses devanciers, c'est qu'il y a nombre de livres faits qui sont encore à faire. Si quelqu'un veut refaire celui-ci, nous y applaudissons, pourvu qu'il fasse mieux. Si votre intérêt n'est pas toujours suffisamment excité, ne vous en prenez pas trop à l'historien; le travail le plus opiniâtre ne peut extraire de la mine plus de métal précieux qu'elle n'en contient. Honorables souscripteurs, j'ai dit.

CHAPITRE PREMIER.

PÉRIODE GALLO-ROMAINE.

La nation des *Parisii*, dont l'antiquité se perd dans la nuit des temps, avait pour capitale, ou plutôt pour forteresse, la ville de *Leucotec*, située dans une île de la Seine, et habitait, entre des limites indéterminées, les deux rives de ce fleuve, au dessous de sa jonction avec la Marne. Comme la plupart des villes gauloises, au rapport de César, Leucotec était environnée de forêts et de marécages, qui la rendaient d'un accès difficile, et qui formaient une seconde ligne de défense au-delà du fleuve.

En suivant le cours de l'onde, la plaine qui se trouve sur la droite, et s'élève en pente douce jusqu'au pied de l'éminence qui domine Paris du côté du nord, se nommait *Clipiac*, c'est à dire la vallée du bord de l'eau, des deux racines celtiques *clip*, un vallon, *iac*, de l'eau [1] ; racines bien reconnaissables dans

---

[1] Nos ancêtres ont dit pendant longtemps de l'*iaue*. Une inondation de la Seine, en 1296, inspira les vers suivants à l'auteur de la *Chronique de Saint-Magloire :*

  furent les *iaues* grant en decembre
  . . . .
  abatit l'*iaue* mesuns et caves.

La *hanse de l'iaue* de Paris était puissante pendant le même siècle. Les gens du peuple disent encore de l'*iau*, et même de l'*ia*.

la composition des mots latins correspondants, *clivus* et *aqua.*

Cette appellation celtique devait se transformer en une autre plus douce à prononcer, par le retranchement de la finale *ac*, restée d'usage pour les noms de lieu dans les provinces méridionales de la Gaule, et le changement du *p* en *ch;* changement tout entier en faveur de l'euphonie, qu'on peut remarquer dans un grand nombre d'expressions; notamment dans le mot ache, dérivé d'*apium,* et dans les noms de lieu Gamaches et Attichy, dérivés de *Gamapium* et *Attipiacum.*

Environ un demi-siècle avant l'ère chrétienne, Jules César ayant reçu du peuple romain la mission de conquérir les Gaules, la nation des Parisiens dut se résigner à subir le sort commun. Mais tandis que le vainqueur était occupé du côté de la Loire, la nouvelle d'une prise d'armes dans ces derniers parages et de quelques succès obtenus contre les Romains, ralluma le courage de cette vaillante nation, et lui remit à elle-même, ainsi qu'aux peuples voisins, les armes à la main, au moment où César venait de rappeler Labienus, son lieutenant, laissé à *Agendicum* pour maintenir le pays dans la soumission, et dont l'armée se trouvait augmentée de recrues nouvellement arrivées d'Italie. Les écrivains modernes s'accordent à reconnaître la ville de Sens dans la position indiquée par César sous le nom d'*Agendicum*.

Cependant Labienus crut devoir apaiser la révolte avant de quitter cette contrée, autant pour n'avoir pas l'air de fuir sans combat, ce qui eût doublé les forces de l'ennemi, qu'afin de ne pas donner le temps au soulèvement de devenir général; il s'empressa donc de marcher sur Paris, en suivant la rive droite du fleuve.

Les Gaulois, de leur côté, avaient réuni des troupes nombreuses, dont ils avaient donné le commandement à Camulogène, de la nation des Aulerces, vieillard d'une grande bravoure, et surtout d'une habileté éprouvée. Camulogène s'attacha à surveiller les mouvements de Labienus, de manière à intercepter les passages qui conduisaient à Leucotec, et à le forcer ainsi de s'engager dans le marais environnant.

Arrivé en face de la cité, le lieutenant de César essaya d'établir une chaussée avec des fascines ; mais ayant bientôt reconnu le danger de l'entreprise, surtout en présence d'un ennemi supérieur en forces, il rebroussa chemin, passa la Seine à Melun, s'empara de cinquante barques, et revint attaquer la ville par l'autre rive. Il établit son camp sur l'éminence voisine, appelée maintenant du nom de butte de Sainte-Geneviève. Camulogène établit sien vis à vis, de l'autre côté; c'est à dire à Montmartre, ou peut-être plutôt à Monceaux; car le sommet inégal et étroit de Montmartre, terminé par une pente abrupte du côté du midi, n'était pas propre à recevoir une grande armée, dont la force principale devait consister en chariots de guerre et en cavalerie, suivant l'usage de la nation.[1]

Camulogène, qui n'avait pu mettre obstacle au passage du fleuve, et qui ne pouvait plus désormais défendre la ville, la fit incendier, et ordonna la destruction des ponts au moyen desquels l'île communiquait avec la terre ferme. Labienus, à l'aide de ses bateaux, s'em-

---

[1] Le nom pluriel de *Monceaux*, donné très anciennement à cette colline, semble indiquer des mouvements artificiels de terrain ; or, depuis cette époque jusqu'au neuvième siècle, où on le lit pour la première fois dans une charte de Charles-le-Chauve en faveur des moines de Saint-Denis, *concedimus vineas in pago parisiaco sitas*, *in Monticellis*, il ne paraît pas qu'aucune autre armée soit venue y camper.

para sans profit de ruines qu'on ne lui disputa pas ; mais le but de son expédition était manqué complétement, s'il ne parvenait à attirer les Gaulois au combat.

Après quelques jours de repos, son plan fut arrêté. Il chargea de troupes plusieurs barques légères, en leur commandant de remonter la Seine à grand bruit d'avirons, afin d'appeler de ce côté l'attention de l'ennemi, et le forcer ainsi d'opérer une diversion. Il ordonna aux gros navires de descendre le cours du fleuve l'espace de quatre milles, il suivit la rive avec ses meilleures troupes, franchit l'obstacle sur le point indiqué, traversa la forêt qui régnait sur ce bord, après avoir tué à la faveur de la nuit et d'un violent orage les sentinelles avancées des Gaulois. Le matin venu, il apparut en face du camp de Camulogène, offrant le combat dans une position dont il s'était réservé l'avantage, adossé à un fleuve dont il était le maître, et appuyé à un bois dont il venait de s'assurer. Pendant ce temps, les soldats invalides auxquels il avait confié la garde du camp, faisaient de grandes démonstrations pour attirer l'attention des Gaulois, et les forcer à une seconde diversion, en leur laissant ignorer sur quel point ils allaient être attaqués sérieusement. On sait le résultat de la bataille; elle se donna dans la plaine de Clichy.

Nous en établirons la preuve à l'aide du récit même de César; récit auquel la plupart des nombreux écrivains qui l'ont consulté ou reproduit n'ont pas apporté une attention suffisante; le savant abbé Lebeuf lui-même s'y est trompé[1]. Cependant il est impossible de placer ailleurs l'action, après avoir comparé la narration du vainqueur avec l'état

---

[1] V. *Dissertation sur Metiosedum*, dans le *Recueil de divers écrits*, etc., tom. II.

des lieux sur la rive droite de la Seine au moment du combat.

Il existait, au rapport de l'historien romain, près du bord de cette rivière, un marais qui environnait la ville comme d'une ceinture. Grégoire de Tours en indique approximativement la largeur, en disant que l'an 582, le débordement de la Seine couvrit tout l'espace compris entre la ville et l'église Saint-Laurent. On a torturé inutilement ce texte, sans pouvoir en détruire la portée, et les explications détournées qu'on en a voulu donner sont demeurées inacceptées.

Ce marais existait encore à la fin du douzième siècle, et un document de l'an 1176, conservé par Félibien[1], marque ses dimensions en longueur, depuis le pont Perrin,[2]

---

[1] V. *Hist. de Paris; Preuves*, tom. III, p. 34.
[2] Rue Saint-Antoine.

jusqu'au dessous du village de Chaillot. Il avait été concédé en l'an 1154 par les chanoines de Sainte-Opportune, qui en étaient propriétaires, pour être mis en culture, à raison de douze deniers l'arpent[1]. Le sol exhaussé par les alluvions était alors affermi, car les acquéreurs le convertirent en jardins légumiers, tout en conservant son ancien nom de marais, et de là vient l'appellation du quartier de la capitale bâti sur son emplacement. De là aussi le nom de marais, affecté dans les environs de Paris aux terrains consacrés à la culture des légumes.

Entre ce marais et le bord de la rivière, il se trouvait des éminences, sur lesquelles on pouvait établir des constructions ; témoin l'emplacement de la tour du Louvre et du palais des Tuileries. Celui-ci se nommait au

---

[1] Félibien, *Ibid.*, p. 430.

quatorzième siècle la Sablonnière ; il y avait en 1372 trois tuileries, et bientôt après on y en compta un plus grand nombre. [1]

S'il restait des doutes sur l'existence de ce marais à une époque reculée, ils seraient levés par les observations auxquelles donna lieu l'édification de l'église Notre-Dame-de-Lorette, commencée en 1824 et achevée en 1836. Il fut alors démontré que le sol de cette portion de Paris est plus bas que le niveau des grandes eaux de la Seine. [2]

Une forêt occupait à peu près tout l'espace enfermé dans le détour que forme la Seine au sortir de Paris, pour revenir à Neuilly. Le

---

[1] V. De Gaulle, *Hist. de Paris*, tom. III, p. 396.

[2] Lorsqu'on vint à ouvrir les fondations, l'abondance des eaux et la nature du terrain marécageux obligèrent l'architecte d'établir les premières assises sur des planches et sur des pilotis. On pourrait ajouter, que les caves du quartier de la Madeleine sont souvent inondées, sans que celles qui sont plus voisines du fleuve éprouvent le même accident.

bois de Boulogne en est un reste ; il n'y a pas longtemps que le territoire de Boulogne lui-même est défriché. Cette portion de la forêt des Rouvres ou de Rouvray, tel est son ancien nom, ayant été livrée à la culture vers le douzième ou le treizième siècle, il s'y forma un village, qui fut appelé Menuz-lez-Saint-Cloud. Plus tard, en 1320, on y bâtit une chapelle à l'instar de celle de Notre-Dame de Boulogne-sur-Mer, alors fameuse par de nombreux pélerinages. Un pélerinage s'établit également à Notre-Dame de Boulogne-sur-Seine ; le village prit de l'accroissement, obtint l'érection de sa chapelle en église paroissiale en 1343, et reçut définitivement le nom de Boulogne.

La plus ancienne mention qui soit faite d'une manière précise de la forêt de Rouvray, se trouve dans un diplôme de l'an 717 en faveur de l'abbaye de Saint-Denis, par lequel le roi Chilpéric dispose de cette forêt comme d'une propriété jusque là dépendante de la couronne de France [1]. Il faut convenir, dit un savant antiquaire [2], que ce bois s'étendait plus qu'il ne fait du côté du septentrion et du nord-est, et que la plaine des Sablons en faisait partie.

Il en est de même de Neuilly. Son ancien nom de *Lugniacum,* ensuite *Lulliacum*, et plus tard *Nulliacum*, par la transposition euphonique d'une lettre, l'indique assez; car les racines celtique et germanique *lun* et *lund* signifient bien une forêt. Mais il est un fait qui l'indique d'une manière plus précise encore : c'est qu'en 1389, le seigneur de Clichy, nommé Pierre de Giac, était en procès avec les moines de Saint-Denis, relativement à une

---

[1] *Foresta* nostra *de Roverito, quæ est in pago parisiaco, super flumen Sigona.*

[2] L'abbé Lebeuf.

maison du port de Neuilly, que les uns et les autres prétendaient être de leur juridiction seigneuriale ; or il ne paraît pas que l'abbaye ait rien reçu de ce côté, de plus que la forêt de Rouvray.

Deux autres documents viennent démontrer que cette même forêt projetait un de ses bras le long du bord du marais, au moins jusqu'à la place Sainte-Opportune, ou vers le marché des Innocents. Le premier, le plus ancien en date, est la dotation par Louis-le-Bègue de l'église Sainte-Opportune, située sur la place du même nom, dite alors Notre-Dame-des-Bois, sans doute parcequ'elle avait été bâtie au bord d'une forêt. Elle échangea le nom de Notre-Dame-des-Bois pour celui de Sainte-Opportune, lorsque les reliques de cette sainte y eurent été apportées par Hildebert, évêque de Séez, à l'occasion et à cause des invasions des Normands. Le dernier est un accord de l'an

1222 entre Philippe-Auguste et l'évêque de Paris, par lequel il est établi que le roi a toute juridiction sur le territoire qui s'étend depuis l'église Saint-Honoré et la terre de l'évêque jusqu'au pont du Roule. Cette terre de l'évêque est la portion de Paris appelée ensuite la Ville-l'Evêque, représentée maintenant par les paroisses de la Madeleine et de Saint-Louis-d'Antin en partie. L'église Saint-Honoré était située entre la rue de ce nom et la rue Montesquieu. Le pont du Roule ne peut être différent de celui de Neuilly ; et la forêt de Rouvray se trouve ainsi indiquée dans toute sa longueur.

Ces faits établis, la conséquence est facile à déduire.

Labienus, après avoir passé la Seine à Melun, revint attaquer Paris par la rive gauche ; ce point paraît être maintenant hors de contestation, ou du moins il est admis par les historiens modernes. Dans son empressement, il n'avait pu marcher la première fois sur Paris que par la rive droite, qui lui offrait la voie la plus directe. La seconde fois, il établit son camp sur la butte Sainte-Geneviève ; ce point est pareillement admis. Les Gaulois établirent le leur en face, par conséquent à Montmartre ou à Monceaux ; et cet emplacement avait dû être choisi de préférence à tout autre par Camulogène, chargé de protéger la ville, de garder la chaussée qui la mettait de ce côté en communication avec la terre ferme, et qui ne pouvait exister qu'au lieu où se terminait la forêt et où le marais était le moins large, direction indiquée par celle de la rue Saint-Honoré.

Le lieutenant de César descend le cours de la Seine l'espace de quatre milles, c'est à dire environ une lieue et demie. Il arrive de la sorte entre Auteuil et le pont de Sèvres ; mais plus près de ce dernier lieu : le marais qui lui faisait obstacle est tourné. Il traverse la forêt de Rouvray, dont l'épaisseur à dérobé sa marche, et se développe dans la plaine de Clipiac, en appuyant sa droite à la forêt. La gauche demeure sans protection; elle est mise en désordre par l'ennemi; la droite victorieuse vient rétablir le combat, et fixer partout la victoire.

Rien ne nous semble moins rationnel que de placer le champ de bataille sur les hauteurs de Chaillot, comme le pense Dulaure, ou au Point-du-Jour, comme le pense de Gaulle. Dans l'un et l'autre de ces lieux, la forêt interposée entre les deux armées eût mis obstacle au combat; le marais les eût empêchées de se joindre. L'abbé Lebeuf a plus approché de la vérité, en indiquant un point quelconque entre le Roule et Villiers; il aurait dû s'en tenir à cette opinion, au lieu de la combattre, Voici maintenant le récit de César.

« A la nouvelle de ces événements et du péril dont César était menacé, Labienus s'empressa d'incorporer les recrues arrivées d'Italie ; il laissa ses bagages à Agendicum, et se dirigea avec quatre légions vers Lutèce, capitale des Parisiens, située dans une île de la Seine. Aussitôt que les ennemis furent prévenus de sa marche, les cités voisines réunirent leurs forces, et en confièrent le commandement à Camulogène, aulerce de nation, déjà avancé en âge, mais digne d'un tel honneur par sa science de l'art de la guerre. Camulogène, après avoir reconnu un marais continu, qui longeait les bords de la Seine, et formait de ce côté un rempart difficile à franchir, établit son camp sur le bord, résolu d'en défendre le passage ; Labienus tenta de le combler avec des fascines et du gazon, en mettant les travailleurs à l'abri derrière une ligne de madriers enfoncés dans le sol ; mais bientôt effrayé des dangers de l'entreprise, il partit silencieusement à la troisième veille de la nuit, et regagna, en suivant le chemin qu'il avait parcouru, Melodunum, ville des Senonais, sise, comme Lutèce, dans une île de la Seine. S'étant emparé d'environ cinquante navires, il les joignit deux à deux, les chargea de troupes, et, par ce moyen, se rendit sans combat maître d'une ville dont les défenseurs, déjà affaiblis par le départ du nombreux contingent dirigé vers l'armée des alliés, voyaient encore leurs mesures déconcertées par la manière imprévue dont on les attaquait. Il rétablit le pont que les ennemis avaient détruit les jours précédents, fit passer son armée, et marcha de nouveau sur Lutèce en côtoyant le fleuve.

« Dès que la nouvelle en eût été apportée à Camulogène par des émissaires envoyés de Melodunum, il ordonna d'incendier la ville et de détruire les ponts, quitta le bord du marais, et établit son camp en face de Lutèce, à l'opposite de celui de Labienus. »

Après avoir raconté les divers bruits populaires sur la position désespérée du général en chef ou même sur sa fuite, les soulèvements de plus en plus menaçants des peuples de la Gaule et les perplexités qu'éprouvait Labienus, César continue : « Ayant donc réuni son conseil vers le soir, Labienus développa le plan qu'il avait conçu, en recommandant à ses capitaines de s'en bien pénétrer. Il confia à des chevaliers romains le commandement des barques qu'il avait amenées de Melodunum, leur ordonna de lever l'ancre à la fin de la première veille, de descendre secrètement la rivière l'espace de quatre milles, et de l'attendre. Il laissa la garde du camp à cinq cohortes, qu'il jugeait peu capables d'être menées au combat; il ordonna aux cinq autres cohortes de la même légion de se mettre en marche vers le milieu de la nuit avec les bagages, et de remonter le cours du fleuve à grand bruit. Il les fit accompagner par des bateaux légers, qui avaient également l'ordre de faire un grand bruit d'avirons. Pour lui, il partit peu après, en silence, avec les trois autres légions[1], et se dirigea vers le lieu où ses navires l'attendaient.

« A son arrivée, son premier soin fut de se débarrasser des sentinelles que les ennemis avaient placées le long des bords de la Seine; opération facilitée par une violente tempête qui s'éleva subitement. L'armée, infanterie et

---

[1] La légion paraît avoir été formée alors de six mille hommes d'infanterie et de trois cents hommes de cavalerie, ce qui porte à dix-neuf mille le nombre des combattants du côté des Romains. Labienus avait à sa disposition une armée entière; car l'armée ne se composait jamais de plus de quatre légions. (V. Alex. Ab Alex. *Genial. Dier.* Lib. I, cap. v.)

cavalerie, passa le fleuve en un moment à l'aide de ses barques.

« Les ennemis reçurent en même temps la triple nouvelle, qu'il y avait, contre l'ordinaire, un grand mouvement dans le camp des Romains, qu'une partie de l'armée remontait la Seine accompagnée de bateaux à rames, et qu'à une petite distance au dessous de Lutèce, une autre partie traversait le fleuve au moyen de gros navires. Ils se persuadèrent aussitôt que les légions effectuaient leur passage sur trois points différents, pour mieux assurer une fuite que la défection des Eduens rendait nécessaire. Ils divisèrent eux-mêmes leurs forces en trois corps, dont l'un devait se porter au devant du camp, pour la surveillance ; l'autre, remonter le cours de la Seine jusqu'au lieu atteint par les Romains ; le troisième, s'opposer à Labienus.

» Au point du jour, notre armée était rangée

en bataille, et celle des Gaulois était en vue...
Dès le premier choc, l'aile droite, formée de la septième légion, mit l'ennemi en déroute. L'aile gauche, composée de la douzième, eut à soutenir un combat plus opiniâtre. Les premiers rangs avaient succombé sous le fer de nos soldats, que les autres tenaient encore, sans laisser entrevoir la moindre hésitation. Camulogène y commandait, encourageant les siens de parole et d'exemple. La victoire était donc encore incertaine ; mais les tribuns de la septième légion, ayant appris ce qui se passait à l'aile gauche, lancèrent sur les derrières de l'ennemi un corps de troupes qui engagea vivement le combat. Les Gaulois n'en furent pas ébranlés ; ils se laissèrent environner, et moururent à leur rangs. Camulogène succomba les armes à la main.

« La division chargée de surveiller le camp de Labienus accourut au secours des siens, pour rétablir le combat; mais elle eut à peine le temps de prendre position sur une éminence [1], sans pouvoir même y contenir le choc de nos légions victorieuses, et ses soldats, entraînés dans la déroute commune, se confondirent parmi les fuyards. La cavalerie termina l'œuvre de l'infanterie; il n'y eut d'épargnés que ceux qui parvinrent à se cacher dans les bois ou à s'abriter derrière les montagnes. Après ce glorieux succès, Labiénus reprit la route d'Agendicum, où il avait laissé les provisions et les gros bagages. »

Ainsi dit César.

Pendant les cinq siècles de l'occupation ro-

---

[1] Un corps de troupes se dirigeant des environs de Lutèce, où il était en observation, dans la plaine de Clichy, où se donne la bataille, et apercevant un désordre irrémédiable, cherche à prendre position soit sur la butte de l'Etoile, soit sur le versant de Monceaux, pour protéger le camp. César semble appuyer la première supposition, en disant que les fuyards se sauvèrent dans une forêt.

maine, il ne paraît pas que la plaine de Clipiac ait été honorée d'établissements importants ; nous ignorons si elle fut le théâtre de grands événements.

Cette plaine, naturellement infertile, surtout à une époque où le voisinage d'une grande ville ne venait pas donner du prix à son terrain aride et sablonneux, et où une culture laborieuse n'avait pas encore formé à sa surface la légère couche d'humus qui la recouvre maintenant, paraît avoir été abandonnée à elle-même, ou peut-être plutôt réservée, avec tout le reste de la vallée de la Seine jusqu'à Ruel et Argenteuil, pour les plaisirs de la chasse, en faveur des autorités civiles et militaires qui résidèrent à Lutèce. Le nom de *garenne* que tout ce territoire a conservé jusque près de nos jours, et qu'il portait à une haute antiquité, l'indiquerait assez, quand même nous ne verrions pas les rois mérovingiens, qui se substituèrent aux Romains, sans extension et sans restriction, y conserver les mêmes priviléges, ou s'en attribuer la propriété, du moins pour une grande partie.

Les lieux appelés du nom de garenne sont encore nombreux dans tout ce pays. La plupart de ses paroisses, celles principalement dont l'appellation se trouve ailleurs, prennent le surnom de Garenne. Jusqu'au quinzième siècle on a dit Villiers-en-la-Garenne, Clichy-en-la-Garenne ; les actes publics du treizième et du quatorzième, conservés dans les cartulaires de divers monastères, ne le nomment pas autrement que *la Garenne*. L'abbaye de Saint-Denis y posséda plusieurs propriétés, qui ne sont désignées que par ces mots : Sises dans le territoire de la Garenne [1]. Enfin, un abbé de Saint-Denis, donnant une charte d'af-

---

[1] V. *Cart. Blanc* de Saint-Denis, p. 493.

franchissement aux serfs de l'abbaye, au mois de novembre 1248, parle ainsi : « D'après le conseil d'hommes honorables, nous rendons libres de leurs personnes tous ceux qui ont été jusqu'à ce jour attachés à la culture de nos fermes dans le territoire de la Garenne, c'est à dire à Villeneuve, à Gennevilliers, à Asnières, à Courbevoie, à Colombes et à Puteaux [1]. » Nous ferons remarquer en passant que Clichy n'est pas porté sur cette liste : c'est que l'abbaye n'y posséda jamais que fort peu de chose, sauf le fief de la *Panneterie*, qui n'était point dans la part de l'abbé, mais dans celle des moines.

Le territoire de Clichy-en-la-Garenne fut sillonné de routes stratégiques, dont la plus

---

[1] *Homines nostros de corpore, de villis nostris in Garennâ, scilicet de Villâ-Novâ, de Ginnevillari, de Asneriis, de Curvâ-Viâ, de Columbâ et Aquâ-Puttâ; sive Salice,* ajoute un autre manuscrit. (V. *Cart. Blanc,* loc. cit.)

importante était cette grande voie qui, partant de Paris, passait à l'est de Montmartre, et touchait la Seine à Saint-Denis, pour, de là, se diviser et s'étendre vers tous les points de la Gaule septentrionale. Une seconde se dirigeait vers Asnières; une troisième, de Montmartre au mont Valérien. Il n'existe aucune preuve qu'il en ait passé une au village de Clichy, quoi qu'en ait dit Dulaure dans un de ses moments d'aberration, en indiquant même un tracé irrégulier et serpentant, comme s'il eût voulu rendre l'erreur plus sensible, ou comme s'il eût ignoré qu'une voie romaine était toujours en ligne droite.

Il est impossible que les Romains, devenus maîtres de Paris, n'aient pas construit des retranchements sur les sommets les plus élevés de la chaîne de montagnes qui environne cette ville : Montmartre, Chaumont, le mont Valérien ; pour qui connaît leurs usages, ce point ne saurait souffrir de doutes. C'est en fortifiant ainsi toutes les hauteurs, principalement celles qui dominaient les grandes voies stratégiques, qu'ils tinrent la Gaule asservie. Leurs armées trouvaient dans ces forteresses un refuge assuré en cas de révolte ; et des divisions y veillaient à la sûreté des routes en cas de troubles. Il est impossible qu'ils n'aient pas établi sur l'un ou l'autre de ces points, peut-être sur tous, des *speculatoria,* espèces de tours à feu, au sommet desquelles ils plaçaient des sentinelles pendant le jour, afin de surveiller la campagne, et ils allumaient des feux pendant la nuit, pour transmettre des signaux. Cette *télégraphie* couvrait la Gaule de ses lignes multipliées. Nous pensons que les débris d'un édifice romain reconnu à Montmartre en 1657, sur lesquels deux antiquaires fameux[1] émirent alors des

---

[1] Sauval et l'abbé Lebeuf.

opinions si opposées et si peu satisfaisantes, étaient les restes d'un observatoire de ce genre; la description qu'ils en font semble l'indiquer. Il est impossible que des voies du deuxième ou du troisième ordre n'aient pas relié ces points l'un à l'autre, et on retouve en effet, au village de Champerré, sur la commune de Neuilly, le tracé d'une voie romaine, se dirigeant de Montmartre au mont Valérien, avec une légère inflexion vers le pont de Neuilly.[1].

Celle d'Asnières, encore bien indiquée sur les anciennes cartes des environs de Paris, passait près du village de Monceaux, et tra-

---

[1] Un tronçon a été reconnu, à un mètre de profondeur, il y a quelques années seulement, au bord de la rue de Villiers, dans un jardin appartenant alors au sieur de Longueavennes, près le numéro 76. A côté du stratum fut trouvée une pièce d'or, que les personnes qui l'ont vue assurent être romaine, et que la description qu'elles en font indique comme telle; on ne sait qui l'a recueillie.

versait la Seine au lieu dit le Bac d'Asnières[1].
L'autorité de ces cartes, comparativement très modernes, ne suffirait pas, il est vrai, pour établir un pareil fait; mais ce qui complète la démonstration, c'est qu'il a été trouvé à Asnières, à plusieurs reprises, et notamment en 1751, des débris d'édifices, des poteries, et de nombreuses sépultures appartenant à l'époque romaine. Il y eut donc là un établissement gallo-romain, il y passait donc une voie. Cette déduction est rigoureuse pour quiconque est initié aux mœurs des Romains: les restes de leurs habitations, qui étaient toujours au bord des chemins, en indiquent le tracé. Cette voie devait se joindre, vers le marché des Innocents, à une autre allant directement à Montmartre, et dont l'existence est facile à établir.

[1] V. Bibl. Nation., section des Plans et Cartes,

La première suivait la direction des rues Saint-Honoré et du faubourg Saint-Honoré; elle s'appelait au quinzième siècle et antérieurement route de Clichy, ce qui ne veut pas dire cependant que cette portion de la capitale appartînt à la paroisse de Clichy[1]. Il ne reste rien de plus de l'occupation romaine. La période mérovingienne est beaucoup plus féconde en souvenirs; mais avant d'en aborder l'histoire, nous aurons à déterminer l'étendue du territoire qu'on appelait alors du nom de Clipiac.

Si jamais un peuple avait dû bénir sa défaite et pardonner sa servitude, ce peuple était

---

[1] Un acte de l'an 1205, conservé par don Lobineau, *Hist. de Paris, Pièces justificatives*, relatif à la chapelle, et depuis église Saint-Honoré, porte que cette chapelle est située proche la porte de la ville, au bord de la voie de Clichy. L'abbé Lebeuf donne trop d'extension à cette appellation, en supposant sans preuves que cette *voie de Clichy* était sur la paroisse de Clichy.

celui des Gaulois; car les Romains, en lui apportant des fers, étaient venus l'initier aux belles-lettres et aux beaux-arts, dont ils étaient eux-mêmes redevables à la Grèce. La Gaule, pénétrée sur tous les points par la civilisation romaine, n'avait pas tardé à devenir une seconde Italie, non moins riche et non moins belle que la première. Aussi, elle s'était associée sans réserve au sort de ses vainqueurs, et elle demeura romaine, après que l'Italie ne l'était plus.

CHAPITRE DEUXIÈME.

STATISTIQUE.

Depuis Saint-Denis et au-delà jusqu'au pont de Neuilly, la Seine, d'un côté, servait de limites au territoire de Clipiac. Deux lignes tirées l'une du pont de Neuilly jusqu'à la Pépinière du roi, l'autre depuis le Crou ou la Briche à l'église Saint-Rémy de Saint-Denis, déterminaient sa hauteur. Une quatrième, tracée depuis cette église jusqu'aux Porcherons et à la Pépinière du roi, achevait de l'enfermer. Essayons de le démontrer.

La paroisse de Saint-Ouen dans toute son étendue en faisait partie; ce point, admis sans contestation par les historiens, se trouvera établi. Une portion du territoire d'Aubervilliers en a fait partie également. En effet, cette paroisse, formée pendant la dernière moitié du quatorzième siècle aux dépens des paroisses voisines, doit sa naissance à des pèlerinages attirés par une image miraculeuse de la Vierge, surtout après la visite que Philippe de Valois et la reine, sa femme, y firent en grande dévotion l'an 1338. Elle doit son accroissement à l'institution de l'ordre de l'Etoile, que le roi Jean fonda à Saint-Ouen l'an 1351, et auquel il assigna pour lieu de réunion le château royal de Saint-Ouen nommé la Noble-Maison ; et pour chef-lieu religieux l'église d'Aubervilliers, appelée Notre-Dame des Miracles ou des Vertus, comme on parlait alors. Les actes de cette fondation, ne mettant aucune différence entre Aubervilliers et Saint-Ouen, montrent que c'était un seul et même lieu, un territoire indivis.

La plus ancienne mention qui se trouve d'Aubervilliers, remonte à l'an 1060 ; elle est contenue dans la charte de fondation du prieuré de Saint-Martin-des-Champs. Le roi Henri Ier donne à ce monastère la terre qu'il possède à Aubervilliers : *in villa quæ dicitur Alberti Villare*. Un titre de l'abbaye de Saint-Denis nous apprend, qu'il n'y avait encore à Aubervilliers qu'une simple chapelle en 1242.

Il ne faut pas confondre cette chapelle, qui était sous le vocable de saint Christophe, et à la présentation du curé de Saint-Marcel-lez-

Saint-Denis, avec l'église élevée par le roi Jean sous l'invocation de Marie, et qui est l'origine de l'église actuelle, si ce n'est l'église même d'Aubervilliers, laquelle semble pourtant postérieure à cette date d'une cinquantaine d'années. Une donation faite en l'an 1352 par Henri de Culant, archidiacre de Boulénois, dans l'église de Térouenne, en faveur de cette nouvelle église, qu'il appelle Notre-Dame de l'Etoile en la Noble-Maison de Saint-Ouen, achève de démontrer que l'église Notre-Dame des Vertus et le palais du roi n'étaient pas séparés, et que le tout était sis en la paroisse de Saint-Ouen. On pourrait réunir une multitude d'actes de cette nature. Enfin, la seigneurie de Clichy, nonobstant qu'elle fût d'un rang secondaire, avait des droits sur une partie du territoire d'Aubervilliers, puisque le fief de Paradis en dépendait, et en a relevé jusqu'à la révolution française; c'est à dire jusqu'à l'extinction de toutes les seigneuries.

Quant à la paroisse de Saint-Denis, on sait que le plus ancien nom de cette partie de la plaine de Clipiac était *Catalocum* ou *Catulliacum*. L'auteur des *Gestes de Dagobert* l'appelle encore *Catuliacum,* quoique déjà, dans l'usage, cette appellation dût être remplacée par celle du saint martyr dont le sépulcre était en si grande vénération, et auprès duquel Dagobert avait fondé une splendide abbaye. Il nous semble que le nom de *Catuliacum* est dérivé de celui de la famille romaine qui était propriétaire du lieu, et peut-être même de celui de la pieuse matrone qui y déposa les restes de Saint-Denis, et à laquelle il appartenait ; elle se nommait *Catulla.* Or une partie du territoire actuel de Clichy-la-Garenne, celle-là précisément qui se rapproche le plus de Saint-Denis, porte encore ce même nom, bien reconnaissable dans celui de tréage ou chantier de *Chantaloup*.

Il ne faut pas, dit à une semblable occasion et avec une charmante naïveté, Adrien de Valois dans sa *Notice des Gaules*, chercher pour de tels noms une étymologie qui puisse les rattacher au chant des loups, car les loups *hurlent* et ne *chantent* pas.

En outre, Frédégaire, en parlant d'une entrevue qui eut lieu au palais de Clipiac entre Dagobert et une députation des peuples de la Gascogne, qui venait implorer la clémence royale, confond Saint-Denis et Clichy, de telle sorte, qu'il est impossible d'y reconnaître deux lieux différents. « La quinzième année du règne de Dagobert, dit-il, les députés de la nation des Basques, ayant le duc Aynand à leur tête, vinrent trouver Dagobert au palais de Clichy, mais effrayés à la manifestation d'une colère qu'ils avaient provoquée, ils se réfugièrent dans l'église Saint-Denis, au même lieu[1]. » Or, il ne paraît pas qu'il y ait eu une autre église que celle de l'Estrée, dédiée à saint Denis dans le territoire de Clipiac. Il ne saurait être question de celle de Saint-Denis-de-la-Chartre, qui était trop éloignée, ni de l'ancienne église de Montmartre, qui n'a jamais joui du droit d'asile, pas plus que la précédente. Nous verrons bientôt qu'il n'en était pas de même de Saint-Denis-de-l'Estrée.

Du côté de Neuilly, le territoire de Clichy s'étendait jusqu'au *port* de cette paroisse; c'est à dire jusqu'au lieu où l'on passait la Seine dans un bac, et c'est ce qu'il faut entendre par le mot *port* dans le langage gallo-romain, et même dans le langage du moyen âge, toutes les fois qu'il s'applique à une rivière. Ce lieu était très rapproché du pont actuel, qui fut

---

[1] *Ad Dagobertum Clippiacum venerunt,* ibique in ecclesiâ sancti Dyonisii *confugium fecerunt.*

établi, comme on sait, en 1772, à la place du pont en bois construit par Henri IV [1].

Le fait de l'extension des limites de Clichy jusqu'au pont de Neuilly résulte d'une contestation qui eut lieu, en 1370, entre le seigneur de Clichy, qui se nommait Jean de Beaumont, et était représenté par sa mère, la dame de Courtremblay, épouse en secondes noces de Jean de Monsoult, d'une part, et les religieux de Saint-Denis, d'autre part; à l'occasion d'un acte de justice exercé à l'insu du seigneur envers le propriétaire d'une maison du port de Neuilly, qui s'était rendu coupable de blessu-

---

[1] A la suite de l'événement qui pensa lui coûter la vie, ainsi qu'à la reine et à plusieurs personnes de leur suite, en 1606; le carrosse de leurs majestés ayant été entraîné dans l'eau par la chute de deux des chevaux, qui se jetèrent hors du bac. Si j'avais vu ce spectacle, dit la marquise de Verneuil, ennemie personnelle de Marie de Médicis, et qui, heureusement pour elle, n'était pas de la partie, j'aurais crié de toutes mes forces : La reine boit !

res et voies de fait à l'égard d'un de ses voisins. Le défendeur était un nommé Firmin de Saint-Martin, au nom des enfants mineurs de Jean Restable, auxquels, disait-il, appartenait la justice moyenne, basse et foncière, jusqu'à concurrence de six sous et un denier d'amende, ou du moins basse et foncière, sur *plusieurs* maisons du village de Neuilly, et notamment sur celle-là ; à cause de leur fief du port de Neuilly, qu'ils tenaient en foi et hommage de l'abbaye de Saint-Denis, et qui était séparé de la seigneurie de Clichy par une voie allant de Villiers au port de Neuilly. La seigneur de Clichy gagna sa cause ; le jugement prononcé en sa faveur est du 27 avril 1370 [1].

Vingt ans plus tard, en 1389, un autre seigneur, du nom de Pierre-de-Giac, soutint un semblable procès pour une maison située au

[1] V. *Jugés*, 18, fol. 389.

même lieu ; mais, cette fois, directement contre l'abbaye.

Les moines de Saint-Denis étaient seigneurs haut-justiciers de Villiers-la-Garenne, en leur qualité de propriétaires d'une partie de la forêt de Rouvray [1], attendu que le village avait été construit en place de défrichements opérés sur la lisière de cette forêt ; mais leur seigneurie était fort restreinte de ce côté, comme on vient de le voir, et comme on en peut juger par les bornes posées à la fin du siècle dernier entre les deux seigneuries ; plusieurs sont encore en place. Elles sont très rapprochées de la rue dite de Villiers. Il paraît cependant, par les actes même d'abornement, conservés aux Archives Nationales, que les moines obtinrent alors des concessions impor-

---

[1] Nous pensons que le nom de Rouvray ne s'appliquait point à la totalité de la forêt, mais plus probablement à cette partie qui était au nord de la route de Paris à Neuilly.

tantes. La commune de Neuilly, depuis 1810, en a obtenu de beaucoup plus considérables, moitié par adresse, moitié de guerre lasse.

Les moines ont toujours été de grands défricheurs de forêts, de bruyères et de terres incultes. La France leur doit une notable partie de son sol arable. Puis, chaque fois que sont venues les révolutions, elles leur ont pris ce qu'ils avaient aménagé, comme pour les forcer à travailler de nouveau au profit du public. C'est ainsi que l'abeille se voit ravir le miel qu'elle avait cru préparer pour elle.

On a dit [1] que Clichy-la-Garenne fut donné en même temps que Villiers à l'abbaye de Saint-Denis par Charles-Martel, et ajouté que les moines aliénèrent Clichy, tout en gardant Villiers, dont ils conservèrent la seigneurie jusqu'à la fin, sans cependant nommer à la

---

[1] L'abbé Lebeuf.

cure. On a supposé que les deux communes n'en formaient qu'une originairement. Ce sont autant d'erreurs.

Le nom de Villiers indique, pour la fondation de ce village, la dernière époque de la décadence de la latinité dans les Gaules : celle où l'on a dit *villare* à la place ou comme diminutif de *villa*, c'est à dire le neuvième ou le dixième siècle.

Une portion considérable du faubourg du Roule faisait anciennement partie du territoire de Clichy, et nos rois y eurent un palais antérieurement au treizième siècle ; mais il se présente ici une difficulté à peu près invincible. L'abbé Lebeuf a cru que ce palais est le même qu'habitait Dagobert, le même encore qui se trouve désigné par divers historiens sous les noms de *Crioilum, Clippiacum* et *Romiliacum-Villa; Crioilum* et *Romiliacum-Villa* seraient, d'après cet écrivain, les noms primitifs, desquels est dérivé le nom plus moderne du Roule.

Nous démontrerons facilement que les palais de Dagobert étaient dans un autre emplacement. Nous ne croyons pas que le nom du Roule, qui se trouve être *Rollum, Rotulum* et *Rodellum* dans les plus anciens mémoires, ait jamais pu dériver de *Crioilum* ni de *Romiliacum-Villa;* nous sommes plus porté à voir Creil dans *Crioilum*, et Romainville dans *Romiliacum-Villa.*

L'opinion du savant historiographe du diocèse de Paris ainsi écartée, la difficulté n'est pas amoindrie; car les chroniqueurs ont jeté sur ce point une grande obscurité, en confondant des palais différents.

En effet, Frédégaire dit [1] que Dagobert avait

---

[1] *Dagobertus per civitatem Senonas Parisius venit, ibique Gomatrudem reginam in Romiliaco-Villá, ubi ipsam in matrimonium acceperat, relinquens, eò quod esse ste-*

épousé Gomatrude à *Romiliacum-Villa*, et qu'il l'y répudia. Le moine anonyme de Saint-Denis, auteur des *Gestes de Dagobert*, assure au contraire que ce prince avait fait bénir son union avec Gomatrude dans le palais de Clichy[1]; puis il ajoute, quelques pages plus loin, qu'il la fit annuler à *Romiliacum-Villa*.

Le même Frédégaire dit ailleurs que Judicaël, duc de Bretagne, vint faire sa soumission à Dagobert au palais de Clichy, et il est d'accord en cela avec l'abbé Florent, auteur de la

---

rilis, cum concilio francorum, Nantildem, unam ex puellis de monasterio in matrimonium accipiens, reginam sublimavit. (Fredegarius, Apud Duchesne, tom. I, p. 757.)

[1] *Anno XLII regni Chlotarii, Dagobertus cultu regio, ex jussu patris, honestè cum ducibus Clippiaco procùl Parisius venit, ibique germanam Sichildis reginæ, nomine Gomatrudem, in conjugium accepit.* (Gesta Dagoberti, ibid.)

Gomatrudem reginam Romiliaco-Villa, eò quod esset sterilis, relinquens, Nantildem reginam sublimavit. (Id. sub anno 7° **Dagoberti**.)

vie de saint Josse [1], frère de Judicaël; tandis que saint Ouen, dans sa *Vie de saint Eloi*, assigne, d'un autre côté, le palais de *Crioilum*.

Faudrait-il admettre que Clichy est le nom du territoire, *Crioilum* et *Romiliacum-Villa* celui de deux maisons royales situées dans ce même territoire, ou de deux dépendances d'un même palais nommé *Clippiacum?* Il n'y a guère d'apparence. Il est plus probable que Frédégaire s'est trompé sur le nom du lieu qui fut témoin du mariage de Gomatrude, et que saint Ouen s'est également laissé induire en erreur par des souvenirs déjà éloignés.

Quoi qu'il en soit, au treizième siècle, les rois de France avaient changé leur palais du Roule en un hôtel des Monnaies, et c'est peut-être là qu'ont été frappées les pièces qui por-

---

[1] *Judicaël, post graves inimicitias... pacificatus est in palatio Clippiaco...* (Vita Sancti Jodoci, apud Duchesne, tom. I, pag. 653.) Vid. ibid. pag. 763.

tent le timbre de Clipiac [1] ; car si la chapelle du Roule, origine de l'église paroissiale actuelle de Saint-Philippe, était construite sur le territoire de Villiers-la-Garenne, l'hôtel de la Monnaie paraît l'avoir été sur celui de Clichy. Le Roule, jusqu'au moment de son érection en paroisse, en 1699, fut un village mixte, appartenant aux deux communes. L'église actuelle, commencée l'an 1769, fut achevée en 1784.

Un hospice avait été fondé au Roule, aux frais de la munificence royale, en faveur des ouvriers de la Monnaie, comme il est prouvé par des titres de 1343 et de 1351, qui y établissent leurs droits [2]. Une chapelle, sous la

[1] Il existe une de ces pièces au médaillier de la Bibliothèque Nationale. C'est une monnaie d'or du poids de vingt-quatre grains trébuchants, portant d'un côté la légende *Clipiac*, et de l'autre *Mellono*, nom du monétaire. Le type est celui des derniers maires du palais.

[2] V. *Regist. Visit.* fol. 100. — *Chart. Min. Epis.* fol. 25.

dépendance du curé de Villiers, était annexée à cet hospice en 1217, comme le prouve une charte de Pierre de Nemours, évêque de Paris [1].

Lors de l'érection du Roule en paroisse, il fut nécessaire de prendre des arrangements avec le chapitre de Saint-Benoît, patron de la cure de Clichy et gros décimateur, qui consentit à faire une pension au curé, pour le dédommager de la perte d'une partie de son casuel. La marquise de Vaubrun, dame de Clichy, ne jugea pas à propos d'intervenir, quoiqu'elle eût été légalement convoquée. Jusqu'alors Clichy paraît avoir eu la rue principale du village, nommée rue des Orfèvres, sans doute parceque c'était celle où l'établissement monétaire avait jadis existé. Et nous voyons dans une procédure criminelle

---

[1] V. *Hist. Eccles. Paris.*, t. II, p. 262.

qui eut lieu en 1379, à l'occasion d'une rixe violente élevée dans la chapelle même du Roule, le jour de saint Philippe et de saint Jacques, fête patronale de la chapelle, entre les habitants du village, les nombreux pélerins attirés par la solennité et des écoliers perturbateurs, le seigneur de Clichy, qui se nommait Pierre de Bournazel [1], intervenir comme partie intéressée dans le jugement [2].

Même depuis l'érection de la paroisse du Roule, Clichy-la-Garenne a perdu de nouveau de l'étendue de ce côté, car le duc d'Antin, par un acte d'échange de l'an 1724, cédait à Louis XV des terrains en marais, sis au territoire de Clichy, au lieu dit le *Bas-Roule;* et suivant un arpentage de 1778, fait par ordre de Louis XVI, pour l'établissement de la pépinière de sa majesté, une partie du faubourg

[1] Prononcez Bournazeau.
[2] V. *Jugés*, XXX, 54, V°. 31 mai 1381.

du Roule dépendait encore de Clichy; cette paroisse touchait presque à la rue du faubourg Saint-Honoré [1].

En 1787, les rues de Chartres, de Courcelles, de la Pépinière, Saint-Lazare jusqu'à la rue Blanche et celle-ci dans toute sa longueur, appartenaient également à Clichy [2]. Par arrêt des 3 février 27 septembre 1787, le côté de ces mêmes rues voisin de la capitale, fut attribué à la ville, sous la réserve des droits des curés, des seigneurs et des autres parties intéressées. Les habitants voulurent profiter de ces ordonnances, pour se sous-

[1] Lors de l'érection du Roule en faubourg de Paris, en 1722, les *lettres-patentes* posèrent des réserves en faveur des maisons dépendantes de Clichy. V. D. Lobineau, *Hist. de Paris, Pièces justificatives*, t. IV, p. 506.

[2] Les registres publics fournissent la preuve que la barrière Blanche a dépendu de Clichy jusqu'en 1790. Les employés de l'octroi, préposés à la recette de cette barrière, n'avaient point d'autre église paroissiale que celle de Clichy.

traire à l'obligation de contribuer aux frais d'un pavage exécuté dans le village de Clichy l'an 1788 ; mais ils succombèrent dans leurs prétentions, sous le prétexte qu'ils n'étaient de Paris que quant aux impôts établis aux droits du roi. L'achèvement du mur d'enceinte, en construction à cette époque, devait bientôt terminer le litige en opérant une soustraction définitive et beaucoup plus considérable.

Et encore les pertes de la paroisse ne se borneraient pas là, puisque l'érection du village de Batignolles, en 1830, allait à un demi-siècle d'intervalle, lui ravir trois autres cinquièmes de sa population, et près de la moitié du reste de son territoire [1].

Une partie du Roule et des Ternes, une partie considérable de la Madeleine, de Notre-

---

[1] 432 hectares 21 ares 69 centiares.

Dame-de-Lorette et de Saint-Louis-d'Antin, Batignolles, Saint-Ouen, une partie d'Aubervilliers, et tout ou partie de la ville de Saint-Denis, telles sont en somme les parcelles successivement détachées de l'ancien territoire de Clipiac, dont la paroisse actuelle de Clichy-la-Garenne ne représente plus qu'une faible portion.

CHAPITRE TROISIÈME.

PÉRIODE MÉROVINGIENNE.

Les rois de la première race eurent à Clichy plusieurs palais, et il semble même que ce lieu ait été celui de leur séjour le plus habituel; du moins on peut le supposer, d'après le grand nombre de chartes publiques et particulières qu'ils y souscrivirent, et le grand nombre d'actes qu'ils y consommèrent.

Le plus ancien souvenir conservé par l'histoire, est celui du mariage de Dagobert avec Gomatrude, la quarante-deuxième année du règne de Clotaire II. Le palais où se fit cette cérémonie devait être considérable, puisque, suivant le rapport des divers historiens, elle eut lieu en présence des députés de toute la nation, de la cour des deux monarques, et avec un appareil digne de la majesté royale.

Deux ans plus tard, toujours pendant le règne de Clotaire II, nous y retrouvons Dagobert, au sein d'une grande assemblée de la nation, convoquée des deux royaumes de Neustrie et de Bourgogne, c'est à dire de toute la France. Pendant la tenue même de l'assemblée, un meurtre est commis sur la personne d'Ermenaire, gouverneur du palais de Charibert, autre fils de Clotaire, par l'ordre d'Ægina, prince de race saxonne, ou du moins par les gens de sa suite.

Ægina, chassé de l'Assemblée, reçut l'ordre de se retirer avec ses compagnons à Montmartre, que le chroniqueur Frédégaire nomme à cette occasion mont Mercomire. Le roi se chargea d'arranger lui-même une affaire qui menaçait de devenir d'autant plus grave, que Caribert et le comte Bradulphe, son oncle, réunissaient leurs troupes, dans le but de tirer vengeance de l'assassinat.

Ce sont les deux seuls actes du règne de Clotaire II qui aient quelque rapport avec Clichy, c'est à dire les seuls dont l'histoire fasse mention ; ceux du règne suivant sont beaucoup plus nombreux. On voit Dagobert y signer jusqu'à cinq chartes de donations ou d'immunités en faveur de l'abbaye royale de Saint-Denis, les cinquième, huitième, treizième et seizième années de son règne. Nous insisterons sur la première, qui offre une certaine importance historique.

C'est la fondation du droit d'asile en faveur de la basilique de Saint-Denis : le roi veut que tous les fugitifs trouvent en ce lieu un asile assuré contre la violence. Il entend que le droit sera acquis à tous ceux qui auront dépassé le troisième poteau [1], de quelque côté qu'ils arrivent, que les fugitifs venant de Paris ne seront en sûreté que quand ils auront dépassé la butte de Montmartre ; et c'est peut-être pour marquer la limite, que l'abbaye fit construire plus tard la chapelle autour de laquelle s'est formé le village de la

---

[1] *Tricenam postem.* Il s'agit des milliaires placés le long des voies publiques. Dans un acte confirmatif de ce privilége, donné par Charles-le-Chauve la vingt-cinquième année de son règne, on lit *tricenam pontem*, ce qui n'offre pas un sens satisfaisant, et ne peut être qu'une erreur de copiste.

Chapelle-Saint-Denis. Nous ferons remarquer en passant que Montmartre est appelé ici montagne des Martyrs, et que ce témoignage est plus ancien que celui de l'abbé Hilduin, qui l'appelle montagne de Mars, et même que celui de Frédégaire, qui le nomme mont Mercomire [1]. La priorité est donc en faveur de l'opinion qui indique la butte de Montmartre comme le lieu du martyre de saint Denis et de ses compagnons; opinion sur laquelle la tradition populaire n'a jamais varié, et à laquelle Frodoard devait bientôt revenir.

Cette institution des asiles, si peu comprise et tant blâmée de nos jours par ceux qui, comparant superficiellement aux nôtres les mœurs de nos aïeux, ne cherchent pas la raison des

---

[1] Et non *mons Mercorii* comme le disent les historiens modernes de la ville de Paris.

différences, était pourtant le fruit d'une pensée de haute sagesse de la part du législateur. Il ne faut pas oublier qu'il y avait à côté de la loi la vengeance personnelle, consacrée d'une manière absolue par l'usage, et d'une manière relative par la loi, et que cette consécration avait elle-même un but humanitaire, celui d'atteindre tous les crimes, lors même que le laconisme des lois avait empêché de les prévoir. Il résultait de là que, si quelques crimes seulement pouvaient être réprimés d'une manière légale, tous les criminels pouvaient être atteints en vertu du droit de légitime défense. Mais comme la vengeance, sentiment atroce et qui ne raisonne pas, tend toujours à exagérer l'offense et à la dépasser, appellant ainsi une seconde vengeance en sens opposé, il était sage d'ouvrir à tout inculpé un asile qui mît ses jours en sûreté, en attendant qu'il pût comparaître devant ses juges naturels et préparer sa défense. Une fois entré dans l'asile, il n'était permis de l'en faire sortir qu'en vertu de sommations légales, qui lui donnaient quarante jours de répit. S il refusait de comparaître ou s'il était condamné, on pouvait l'extraire de force, ou le réduire à mourir de faim, en cas qu'il fût du nombre des vilains; le forcer d'une autre manière à sortir, en ruinant ses propriétés par l'incendie et la dévastation, en cas qu'il fût de race noble. Le droit d'asile était donc un premier pas vers la libre défense, et en faveur des inculpés une première garantie. Nous venons de voir, par l'exemple du duc Ægina, qu'à défaut d'asiles légalement reconnus, on assignait à certains prévenus un espace de terrain, dans lequel ils jouissaient de la liberté, sous la garantie de leur honneur personnel et sous la sauvegarde des lois, en attendant le jugement. Tout cela accuse une législation bien imparfaite, sans doute; mais comment nous jugera-t-on nous-mêmes dans douze siècles d'ici?

Dagobert ajoute, que si les fugitifs sortent de son propre palais, ils devront avoir atteint le côté opposé de la voie publique qui conduit au Louvre [1]. Cette charte est datée du vii des kalendes de juin [2], la cinquième année du règne; c'est la première inscrite au cartulaire de l'abbaye.

L'époque à laquelle le nom du Louvre apparaît ici est de beaucoup antérieure à celle où s'arrêtent les historiens de Paris, qui ne remontent qu'à Philippe-Auguste. Ce lieu devait être considérable, soit comme forteresse, maison royale ou faubourg de Paris, puisqu'il est assigné pour terme à une voie publique [3].

---

[1] *Sivè de nostro palatio egrediens, publicam viam quæ pergit ad Luperam transierit.*

[2] Le 25 mai.

[3] Il ne peut être question ici du village de Louvres, à cinq

Mais quelle est la direction de cette voie, qu'il faut traverser pour arriver à la basilique de Saint-Denis, en partant d'un point pris sur le territoire de Clichy? Evidemment il s'agit de la route du pont d'Asnières, ou de la grande voie de l'Estrée, qui passait entre l'abbaye de Saint-Denis et la Seine. Dans le premier cas, le palais de Dagobert eût été situé du côté du pont de Neuilly, lieu où nous aurons bientôt à constater l'existence d'une habitation royale ; mais nous ne croyons pas qu'il soit question de celle-ci.

Le règne de Dagobert est une des époques les plus mémorables de l'histoire de Clichy.

---

lieues de Paris, sur la route de Compiègne, comme l'a cru Doublet. D'ailleurs ce serait *Luperas*. Il existait dès le temps des Romains un faubourg vers l'emplacement du Louvre. L'empereur Julien alla y recevoir des troupes venant du nord, qui se rendaient en Perse. C'était en effet le seul côté duquel Paris pût s'accroître, l'autre étant occupé par les vastes constructions du palais des Césars.

C'est dans son palais de Clichy que ce prince reçut les députés de la Gascogne révoltée. C'est dans son palais de Clichy qu'il accepta la soumission de Judicaël, duc de Bretagne; ce dernier fait est marqué à trait de mœurs d'autant plus mémorable, qu'il s'éloigne davantage de nos propres usages. Invité à s'asseoir à la table du roi, Judicaël en déclina l'honneur, et alla demander l'hospitalité à Dado, préférant, disent les historiens, la frugalité et les discours pieux du référendaire, au faste et à l'abondance du monarque. Ce Dado, connu plus tard sous le nom de saint Ouen, devait devenir bientôt évêque de Rouen. C'est dans son palais de Clichy que Dagobert fit apporter d'Orléans son fils Sigebert, à peine âgé de six semaines, et qu'il manda saint Amand pour lui donner le baptême. Amand, alors en fuite devant la colère du roi, qu'il avait provoquée en le reprenant trop sévèrement de son libertinage, prêchait la foi aux peuples infidèles des bords du Rhin. Les ministres Dado et Eloi eurent autant de peine à le décider à revenir à la cour, que les envoyés du roi en avaient eu à le retrouver. Il consentit enfin, et, pour prix de sa condescendance, le monarque l'éleva au siége épiscopal d'Utrecht. Il fut promu en présence d'une nombreuse assemblée du peuple et du clergé [1]. Jamais choix ne s'accomplit sous de plus heureux auspices.

C'est par suite d'une inattention impardonnable, que la plupart des historiens indiquent Orléans comme le lieu du baptême de Sigebert. L'auteur de la vie de saint Amand assure positivement que la cérémonie fut faite à Clichy. Sigebert, décédé à l'âge de vingt ans,

---

[1] V. Fredeg. Apud Duchesne, t. I, p. 763.—Ibid. *Monach. Sancti Dyonisii*, p. 585.—Ibid. *Vita Sancti Judoc.*, p. 653. —Ibid. *Vit. Sancti Amandi*, p. 646.

avec le titre de roi d'Austrasie, est compté au nombre des saints.

Caractère singulier et bizarre, Dagobert est pourtant un des princes les plus remarquables qui aient régné sur la France. Il fit beaucoup pour la grandeur de la nation ; il soutint avec hauteur la gloire du trône, et posa le principe de la ruine de la royauté, en augmentant le pouvoir des maires du palais. Ambitieux et cruel comme Clovis, il mérita cependant comme lui d'avoir de saints évêques pour ministres et pour amis ; il fut plus heureux encore, puisque, du milieu de sa cour licencieuse, un de ses propres fils s'éleva au rang de la sainteté. Fastueux sans élégance, dévôt sans instruction, sage dans ses lois, scandaleux dans ses exemples, libéral sans magnificence, d'une bonté que ses peuples n'ont pas oubliée, terrible dans sa colère, il semble que le sang de la voluptueuse et implacable Frédégonde bouillonnait tour à tour dans sa poitrine après celui de la douce et pieuse Clotilde.

Les principaux officiers de la couronne avaient aussi leurs palais à Clichy. Le maire Œga en avait un, dans lequel il mourut trois ans après le décès de Dagobert. Nous venons de voir que le référendaire Dado en avait un également, dans lequel il reçut Judicaël; nous verrons bientôt Charles Martel donner aux moines de Saint-Denis celui qu'il y possédait lui-même.

Le séjour de Clichy ne plut pas moins aux successeurs de Dagobert. Clovis II, la seizième année de son règne, y tint un concile, ou plutôt une assemblée générale de la nation [1], en présence de laquelle il donna à l'abbaye de Saint-Denis une charte confirmative de ses

[1] Cette assemblée ne peut être appelée que très impropre-

priviléges. Cette pièce est souscrite de vingt-cinq évêques. La sixième année du règne de Thierry, l'archevêque de Rouen, saint Ouen, vint y rendre compte au monarque du résultat d'une négociation dont il avait été chargé auprès des grands des deux royaumes, alors en guerre les uns contre les autres, et y termina ses jours. Il fut aussitôt reporté à Rouen, et inhumé dans un tombeau qu'il s'était préparé [1]. C'est à Clichy [2] que fut sacré par Lantbert, évêque de Lyon, en présence du roi, de

---

ment un concile. Divers auteurs parlent en outre d'un second concile de Clichy, sans pouvoir en déterminer la date; mais comme les actes ne subsistent pas, on peut choisir entre les diverses réunions d'évêques qui eurent lieu à Clichy, celle à laquelle il plaira de donner ce nom.

[1] Si de graves écrivains, tels que Mabillon lui-même, ont avancé que le corps du saint prélat ne fut reporté à Rouen qu'au bout de trois ans, c'est une erreur manifeste. V. *Vita Sancti Audoeni*, apud Duchesne, t. I, p. 638.

[2] V. Mabillon, *De Re Diplomaticâ*.

la cour et d'une nombreuse réunion des grands du royaume, saint Ansbert, abbé de Fontenelle, successeur de saint Ouen.

Il ne reste maintenant nulle trace de toutes ces grandeurs, nuls vestiges de ces habitations princières; on cherche en vain la place qu'elles occupèrent, et si les auteurs contemporains n'avaient rien dit de leur existence, il n'en survivrait pas même un souvenir.

Les villages de Clichy et de Saint-Ouen se disputent l'emplacement du palais de Dagobert; examinons les titres sur lesquels ils fondent leurs prétentions. On retrouve à Clichy des fondations considérables d'édifices le long de la rue de Neuilly; mais il y eut des deux côtés de cette rue de somptueuses maisons de campagne, appartenant à des personnages très qualifiés, pendant les dix-septième et dix-huitième siècles; les anciens plans de la localité indiquent leur emplacement. On a reconnu des caveaux profonds et solidement construits à l'angle des rues de Neuilly et de Paris, avec des anneaux de fer scellés dans les murs ; mais cette dernière circonstance indiquerait plutôt les cachots de la haute justice du lieu, que les restes d'une habitation royale [1].

Saint-Ouen fait valoir des titres plus apparents. C'est, dit-on, une tradition constante que le palais de Dagobert était là ; mais il faut faire bon marché de pareilles traditions, lorsqu'elles ne sont appuyées d'aucun monument. On montre un puits très-ancien qui se nomme le puits de Dagobert ; mais rien n'indique qu'il ait été creusé à une époque aussi reculée. Il y a plusieurs souterrains qui, partant du sommet de la butte, se dirigent vers la plaine, du

[1] Partout où la pioche rencontre un pan de mur ignoré, dans le village de Clichy, on dit aussitôt : Voilà le palais de Dagobert ; aussi le place-t-on en un grand nombre de lieux différents.

côté de l'ouest ; mais, au temps de Dagobert, on n'ouvrait pas de passages souterrains. L'époque de ces constructions est le douzième et le treizième siècles ; et il y avait alors à Saint-Ouen des maisons princières et même des habitations royales. En 1750, en creusant les fondations d'un édifice, les ouvriers trouvèrent, disent quelques écrivains d'une critique peu sévère [1], une pierre sur laquelle était écrit en caractères gothiques l'équivalent de ces mots :

Ici fut la maison de Dagobert.

Cette prétendue découverte nous est singulièrement suspecte. Pourquoi un équivalent? Qu'est devenue cette pierre? On aurait dû la placer en évidence dans le nouveau bâti-

---

[1] V. Delort et l'auteur anonyme du *Dictionnaire des Environs de Paris*.

L'abbé Lebeuf lui-même a répété ce conte, mais en hésitant. Il aurait mieux fait de remonter à la source.

ment [1]. Le village de Saint-Ouen allègue une dernière raison, plus spécieuse, mais qui ne résiste pas mieux à la discussion. L'église actuelle, dont la partie centrale est du douzième siècle, est construite, assure-t-on, sur l'emplacement d'une antique chapelle dédiée à Saint-Ouen. Or, il est probable que cette chapelle fut érigée au lieu même où le saint évêque avait rendu le dernier soupir, et on sait que ce fut dans la maison du roi. Cette raison est de nulle valeur, car il y eut anciennement un grand nombre d'églises et de chapelles érigées sous le vocable de saint Ouen dans presque tous les diocèses ; il paraît même qu'il y en eut deux dans le diocèse de Paris, et que celle-ci n'était pas située dans

---

[1] Nous ne disons pas que le palais de Dagobert n'était pas situé au village de Saint-Ouen ; nous disons seulement que rien ne le prouve. Quant au village de Clichy, il doit, à notre avis, renoncer à toutes prétentions à cet égard.

le domaine du roi. La chapelle Saint-Ouen située dans le domaine royal, fut donnée en l'an 1004 à l'abbaye de Marmoutiers par le roi Robert, à la demande de Burchard, comte de Paris, et de son fils, Renaud, évêque de la même ville. Voici les termes de la charte de donation [1] : « Le comte Burchard et son fils, Renaud, évêque de Paris, ont supplié notre royale munificence, de vouloir bien distraire de leur bénéfice, et accorder au monastère de Marmoutiers, une certaine chapelle dédiée à saint Ouen, qui faisait partie de notre domaine, et que les ducs de France ont usurpée. Nous accordons volontiers cette demande, et nous *restituons* à l'abbaye de Marmoutiers ladite église, avec tout ce qui en dépend, vi-

---

[1] V. *Gallia Christ.* inter *Instrum. Eccles. Paris.*—Plus correctement dans le Cartulaire et dans l'histoire manuscrite de Marmoutiers. (Bibl. Nat.)

gnes, prairies, terres cultivées et incultes, cours d'eau et serfs des deux sexes. »

Or, depuis plus d'un siècle et demi, la chapelle de Saint-Ouen-sur-Seine, c'est ainsi qu'on l'appelait pour la distinguer des autres, laquelle ne paraît pas avoir eu de terres, ni par conséquent de serfs de la glèbe, ne relevait ni du roi, ni des comtes, ni des évêques de Paris, ni de l'abbaye de Marmoutiers, mais de celle de Saint-Denis. Dans un acte de partage de l'an 832, confirmé par Charles-le-Chauve, la vingt-troisième année de son règne, et par les conciles de Pîtres et de Sens, en 862, l'abbé Hilduin la range dans la part des moines; non pour y faire sécher et raccommoder leurs filets, comme le dit un historien [1] moins attentif que savant, et comme d'autres écrivains l'ont répété sur sa parole, car cette

---

[1] L'abbé Lebeuf.

destination aurait été incompatible avec la sainteté de l'édifice, mais purement et simplement ; leur concédant en même temps, pour ce dernier usage, une maison sise au lieu nommé *Locongilum*.

Il est assez probable, en effet, que l'église actuelle est bâtie sur l'emplacement de cette antique chapelle, car en fouillant la terre il y a quelques années, afin de procéder à la reconstruction du portail, on trouva plusieurs statues dont la main d'œuvre, et surtout le costume, accusent le neuvième siècle ; une entre autres, représentant un évêque, probablement saint Ouen, avec une chasuble rabattue sur les bras, selon la forme de ce temps. Ces statues ont été placées au dessus du portail.

Environ l'an 1473, disent la plupart des historiens, Guillaume, abbé de Saint-Denis, institué en la même année, obtint de Guillaume de Champagne, archevêque de Sens, le droit de présenter à la cure de Saint-Ouen-sur-Seine, et l'acte en fut ratifié l'an 1180 par le souverain pontife. C'est une erreur : l'église Saint-Ouen dont il est question dans cette charte, est située dans l'archidiaconé de Melun, au diocèse de Sens[1]. Si jamais l'abbaye nomma à la cure de Saint-Ouen-sur-Seine, elle ne conserva pas longtemps ce privilége, car le pouillé parisien du commencement du treizième siècle, attribue la nomination au chapitre de Saint-Benoît, et un acte du vicaire-général Gérard de Montaigu, du 20 avril 1420, consacre le droit de ce même chapître, tout en y dérogeant. Alexandre IV, dans une bulle confirmative des biens et priviléges de Saint-Denis, relate le village de Saint-Ouen, mais non la cure.

[1] V. Félibien, *Hist. de l'abbaye de Saint-Denis*, et id. *Preuves*.

Pour continuer l'histoire de Saint-Ouen, il faudrait entrer dans de longs détails sur les habitations qu'y possédèrent plusieurs rois de France: Philippe-le-Bel, Philippe de Valois, le roi Jean, la reine Isabeau de Bavière, Charles V, Charles VI, Louis XI, Henri II, etc., parler de beaucoup d'hôtels de princes et de seigneurs très qualifiés à toutes les époques, et jusque près de nos jours, de la Noble-Maison et de l'ordre de l'Etoile; puis les noms flétris de deux maîtresses de rois viendraient clore la narration; nous préférons les laisser ensevelis dans leur opprobre, et d'ailleurs, du moment que cette portion du territoire de Clichy est séparée et érigée en paroisse, son histoire ne nous appartient plus.

Nous ferons observer seulement, que les écrivains[1] qui ont appelé du nom de palais

---

[1] Entre autres Duhaillan et Hélyot.

de Clichy l'hôtel de la Noble-Maison, se sont trompés, et que ceux qui ont indiqué Clichy comme le lieu où Philippe de Valois signa l'ordonnance de février 1343 contre les blasphémateurs, se sont également trompés ; elle est datée de Meaux, et fut rendue probablement à l'hôpital de Lisy, ainsi que plusieurs autres de la même époque [1].

La fortune de la maison royale de Clichy suivit celle de ses nobles maîtres ; elle déclina avec elle, et s'éclipsa à mesure que la royauté de Clovis avançait dans sa précoce vieillesse. Les ducs de France, ces heureux rivaux des rois, élevèrent à Clichy même un palais qui rivalisa avec le palais des monarques, ou s'emparèrent du leur. Mais bientôt l'abbaye de Saint-Denis hérita de l'un et de l'autre, car déjà les rois fictifs du sang de Clovis étaient

---

[1] V. le *Livre Rouge* du Châtelet.

devenus trop pauvres pour relever des ruines, et les fils de Pépin d'Héristel, trop puissants et trop riches pour attacher un grand prix à la possession d'une maison de campagne. Leur ambition visait à un but plus élevé, et touchait à son terme.

La quatorzième année de son règne, Dagobert donna à l'abbaye de Saint-Denis le haut Clichy, *Clippiacum superius,* et quelques autres propriétés. Les historiographes les plus savants, Lebeuf, Félibien, Adrien de Valois, ont entendu par le haut Clichy, Clichy-en-Launois, sous prétexte que celui-ci est situé sur une montagne. Cette raison, toute futile qu'elle paraît dès le premier abord, est la seule cependant qui les ait déterminés; nous ne saurions l'admettre. Ces écrivains ne font pas attention qu'il a existé dans la paroisse de Clichy-la-Garenne deux maisons royales situées à une grande distance, et l'une et l'autre au bord de la Seine ; l'une près de Neuilly, l'autre près de Saint-Denis. On peut indiquer l'emplacement de celle-ci, soit à Saint-Ouen, soit dans un lieu intermédiaire entre ce village et celui de l'Estrée ; mais non à Aubervilliers, comme l'a pensé Doublet ; car cette situation ne s'accorderait nullement avec les paroles de la charte du droit d'asile que nous avons citée.

Le palais du bas Clichy, c'est à dire celui qui était inférieur à l'autre relativement au cours de la rivière, nous est connu par une charte du même prince, datée de la onzième année de son règne, voici dans quelles circonstances. Le roi tenait ordinairement sa cour plénière dans une forteresse, *in castello*, tellement rapprochée de l'abbaye, que le tumulte occasionné par ces sortes de réunions, troublait les moines dans leur office. Ils s'en plaignirent, et le roi, pour se délivrer de leur importunité, consentit à abandonner le château fort, à leur en faire don; mais sa mauvaise humeur perce dans la charte qu'il souscrit. Eh bien! leur dit-il, ce château est vôtre, nous vous le donnons, et nous nous retirons; nous ne troublerons plus vos solennités. Cependant nous n'en tiendrons pas moins nos cours plénières aux jours de Noël, de Pâques, de la Pentecôte, et de la Théophanie [1], et nous ne nous en irons pas loin [2] : nous nous arrêterons à notre palais de Clichy [3].

Si on rapproche ce passage de celui que nous avons déjà cité, dans lequel il est dit que les envoyés de la Gascogne quittèrent brusquement le palais de Clichy, et cherchèrent un asile dans la basilique de Saint-

---

[1] L'Epiphanie.
[2] *Non longè tamen ab eodem castello.*
[3] *In nostro videlicet Clipiaco palatio.*

Denis, *sur le lieu même;* si on se souvient qu'il fallait traverser la route qui conduit au Louvre en allant de ce palais à la basilique, on devra assigner pour son emplacement un point quelconque de l'angle formé vers Saint-Denis par la Seine d'un côté, et la grande route de l'Estrée de l'autre côté.

Le vieux palais de Clichy, dit autrement palais du haut Clichy, était déjà abandonné du temps de Dagobert. Il est bon de remarquer que ce prince en le donnant à l'abbaye de Saint-Denis, n'ajouta rien à la donation, ni terres ni forêts. Or, par un acte du 28 février 718, la seconde année de son règne, quelques semaines avant une de ces mémorables batailles qui devaient, dans les plaines de Vinciac, décider du sort de la monarchie, le roi Chilpéric donna à l'abbaye de Saint-Denis *sa forêt*[1] de Rouvray. Il est bon de re-

---

[1] *Foresta* nostra *de Roverito.*

marquer encore cette expression, qui semble indiquer que le roi n'était pas propriétaire de toute la forêt, et que quelques autres personnes, les ducs de France, par exemple, pouvaient en avoir une portion. Le roi donne la forêt qui lui est propre, et en même temps un garde nommé Lobicinus, les maisons qu'il habite dans le fief royal du vieux Clichy, et les terrains qui dépendent de son habitation, ainsi que les propriétés jointes à l'habitation de l'évêque Turnoald, conservateur général. Cette concession est faite à la demande du maire Raginfroy [1].

Doublet et divers autres écrivains ont cru que la forêt de Rouvray était la même que celle de Saint-Cloud; mais ce doit être une erreur, car il est impossible que le garde et le conservateur général d'une si importante propriété

[1] V. Félibien, *Preuves*, p. 22.

aient habité, ou plutôt aient été placés par les propriétaires eux-mêmes à une pareille distance de la forêt à la garde de laquelle ils étaient préposés.

Le vieux palais de Clichy était donc contigu à la forêt de Rouvray, situé vers le port de Neuilly, et ce palais paraît être le même que celui du haut Clichy, donné par Dagobert.

La royauté se dépouille ainsi de jour en jour, mais non encore entièrement, car le fief royal du vieux Clichy n'est pas donné en totalité. Après l'habitation, la forêt, la maison des gardes, il doit rester des terres cultivables non aliénées.

On peut remarquer, en dernier lieu, que la partie de forêt donnée par Chilpéric est voisine de la Seine [1], et que la charte de dona-

---

[1] *Quæ est in parisiaco pago super flumen Sigona.*

tion, datée de Compiègne, est d'un latin beaucoup plus barbare que celle de Charles Martel dont nous allons parler, quoiqu'elle lui soit antérieure de vingt-trois ans.

En 741, Charles Martel, qui prend encore le titre de maire du palais, *majorim-domus*, malgré qu'il fût maître absolu, puisqu'il n'avait pas substitué de remplaçant au dernier roi, mort depuis cinq ans, donna à l'abbaye de Saint-Denis un autre palais également situé à Clichy. Il donna en même temps « les terres, les maisons, les constructions de toute nature, les habitants, les serfs, les vignes, les champs, les forêts, les prairies, les pâturages, les cours d'eau et tout l'avoir de ceux qui en dépendaient [1]. » On ignore si c'était à même sa propre fortune que le duc des Français faisait ces

---

[1] D. Bouquet, t. IV, p. 707.—Doublet, p. 690.—Félibien, p. 36.

largesses, ou bien si c'était au détriment de la couronne. Il nous semble plus probable que ce palais était le sien propre, puisqu'il respectait encore assez la royauté pour ne pas l'usurper, et puisqu'il faisait cette aumône, ainsi qu'il le dit dans le préambule, en vue d'obtenir le pardon de ses péchés.

Les Français ne payaient point alors d'autre impôt que celui du service militaire; par conséquent le roi et ses principaux officiers n'étaient riches que selon la mesure des revenus de leurs domaines, et puissants qu'en proportion du nombre d'hommes auxquels ils avaient droit de commander. Le clergé et la noblesse concouraient seuls avec le roi à la confection des lois. Le véritable peuple, formé des hommes libres, beaucoup plus nombreux qu'on ne le croit de nos jours, car, en France, la liberté n'a jamais péri, le peuple était gouverné, mais ne participait en rien au gouvernement [1]. Les hommes libres devaient à leur seigneur un service militaire proportionné à l'importance de leurs propriétés : il paraît que, dès lors, il n'y avait pas de terre sans seigneur. Chaque propriété était cultivée soit par le propriétaire, soit par des vilains, serfs de la glèbe, affectés au sol, et qui se vendaient avec la terre. Non comptés dans la population, ils ne pouvaient tester, parcequ'ils ne possédaient rien en propre, ni ester en justice, parceque, n'étant pas libres, ils n'étaient pas les arbitres de leur conscience.

Le commerce, presque insignifiant à cette époque, ne fournissait encore que des étoffes

---

[1] Les hommes libres ne participaient point à la rédaction des lois, il est vrai, mais ils participaient à leur application en qualité de jurés. Le jury est une de ces institutions qui appartiennent en propre à la France ; elle ne nous est point venue d'Angleterre à l'époque de la révolution française ; elle en est revenue : Guillaume-le-Conquérant l'y avait importée du sol dela France.

précieuses, des matières d'or ou d'argent et des raretés. Les célèbres foires du Landit et de Saint-Germain ont été pendant longtemps plus fameuses comme un rendez-vous de libertinage et une exposition d'objets de curiosité, que par la richesse, l'abondance ou la variété des marchandises.

Les plus grands seigneurs et le roi lui-même se contentaient du produit de leurs terres. Le vin de leurs caves avait été cueilli dans leurs vignobles ; leurs pêcheries, leurs forêts, leurs étables, leurs champs, leurs jardins fournissaient à leur table le pain, la viande, le poisson, les fruits nécessaires. Les habits qu'ils portaient avaient été tissus de la laine de leurs troupeaux, et ordinairement confectionnés dans leurs demeures. Ils choisissaient dans leurs haras les coursiers qu'ils devaient monter à la guerre ; leurs forêts fournissaient le bois de chauffage et de construction. L'on peut juger, d'après cet aperçu, combien était vaste le palais d'un roi ou d'un duc des Français, qui, outre le rang et la puissance dont ils avaient à maintenir l'éclat, étaient encore obligés de donner une hospitalité fréquente aux prélats et aux leudes, et quelle étendue de terrains devait être adjointe à ces demeures.

Nous croyons que le palais donné par Charles Martel était situé au pied de la butte de Montmartre, entre la barrière Blanche et la barrière de Clichy, et que c'est de ce palais et de ses dépendances, que l'abbaye forma le fief de la Panneterie, qui échut à la part des moines.

Qu'on fasse en effet attention aux termes mêmes de la charte : le duc des Français donne avec le palais des terrains, des vignes, des bois, des prairies, qui en dépendent. Or tous ces objets sont faciles à retrouver.

Un siècle plus tard, l'abbé Hilduin, réglant d'une manière absolue la destination des propriétés de la communauté, déjà enrichie par une multitude de largesses, et voulant prévenir tous les abus dans l'attribution et l'usage de ces grands biens, fit différentes parts, dont les revenus étaient appliqués à un usage déterminé. On y voit quelle vigne doit fournir le vin des moines : cette vigne est celle de Monceaux ; quelles fermes doivent fournir la viande : celle de Clichy est chargée de l'approvisionnement de la volaille depuis Pâques jusqu'à Noël. Et afin que cet acte sortisse un effet plus durable, l'abbé le fait confirmer par l'autorité de deux conciles, et par le roi lui-même. Nous voulons, dit Charles-le-Chauve dans son diplôme, que la volaille élevée dans le fief de Clichy-sur-Seine soit réservée pour la table des moines depuis Pâques jusqu'à Noël. Nous voulons que le vin de la vigne de Monceaux serve aussi comme par le passé, à leur réfection quotidienne[1]. Voilà donc les vignobles clairement désignés ; quant aux terres arables de ce fief, qui portait déjà au treizième siècle le nom de fief de la Panneterie, ce sont les *Grands-Champs*, situés sur le penchant méridional de la butte de Monceaux : on le voit par un acte d'échange et d'abornement passé en 1705 entre la marquise de Vaubrun, dame de Clichy-la-Garenne, les religieuses de Montmartre et l'abbaye de Saint-Denis, pour arriver au redressement et à l'élargissement de la rue de Clichy[2]. Les bois sont ceux que nous avons vu défricher pour l'établissement du village de Villiers-la-

---

[1] *In potum quotidianæ refectionis concedimus vineas in pago parisiaco sitas, sicut ab antiquo eas ipsi fratres habere consueverunt, quæ conjacent in Monticellis.*

[2] Les actes et plans relatifs à cette affaire sont aux Archives générales, carton de Clichy.

Garenne; les prairies, celles qui s'étendaient le long de la Seine dans une largeur indéterminée vers Monceaux, et dans lesquelles les Normands, campés de l'autre côté de la rivière en 1186, voyaient avec dépit bondir des troupeaux dont ils ne pouvaient s'emparer[1], au rapport du moine Abbon. Dulaure cite, il est vrai, une charte de l'an 1204, qui semble attribuer ce rivage à l'église Saint-Denis de la Chartre; mais il ne faut pas étendre jusqu'aux prairies voisines un acte dont l'objet est plus restreint: Philippe-Auguste y reconnaît que le terrain sur lequel il a fait construire la tour du Louvre appartient à Saint-Denis de la Chartre, et lui concède trente sous d'indemnité; l'historien du siége

---

[1] *Nostra Dionisii tondebant littora sancti Pecora.* . . . .
(Abbo, lib. II, vers 175.)

de Paris, au contraire, parle de vastes pâturages, dans lesquels on a transporté les troupeaux de la riche abbaye de Saint-Germain-des-Prés, pour les soustraire à la rapacité des Normands ; il n'y a rien de commun entre deux terrains désignés d'une manière si diverse.

Les différentes donations dont il a été question, quelle qu'en fût l'étendue, étaient limitées à un objet déterminé, et ne conféraient aucune seigneurie, excepté sur la propriété donnée. En effet, une charte du règne de Thierry-de-Chelles, citée par Adrien de Valois, déclare encore que Clichy-la-Garenne appartient au *fisc* royal. Il ne peut y avoir d'équivoque sur la valeur de ce mot, qui désigne bien clairement une propriété. Il n'y a pas plus d'incertitude sur la seigneurie du lieu, car outre qu'il n'existe qu'un seul exemple de vasselage de la part des rois de France, si tant est que l'oriflamme fût la bannière de Saint-Denis, et que les rois allassent la recevoir en qualité de vassaux; nous voyons Louis-le-Gros et la reine Adelaïde, en fondant l'abbaye de Montmartre, en 1134, sur un terrain qu'ils avaient acquis des religieux de Saint-Martin-des-Champs, lui donner un moulin avec ses écluses situé à Clichy, et le droit de mouture pour toute la paroisse, *cum moliturâ totius villæ;* or le droit de mouture est un des droits les plus inhérents à la seigneurie; il n'y avait donc pas alors d'autre seigneur à Clichy que le roi.

Depuis que cette paroisse a cessé d'être le séjour des monarques, jusqu'au moment de son érection en seigneurie particulière, elle a perdu toute son importance; l'histoire garde en ce qui la concerne au silence presque absolu. Les moines ont fondé des villages, érigé des paroisses dans les terrains qui leur avaient été cédés : ainsi se sont élevés Saint-Denis, Saint-Ouen, Neuilly, Villiers-la-Garenne; l'acte de Louis-le-Gros qui vient d'être indiqué, nous apprend qu'il existait un village à Clichy, mais rien ne nous annonce qu'il y eût une église. Les anciens palais des rois, ou du moins l'un d'eux en contenait une, nous en avons eu la preuve par les consécrations d'évêques et les mariages de rois qui y ont été célébrés pendant la durée de la première race. Cette chapelle était sans doute commune au prince et à tous ses serviteurs ainsi qu'à ses serfs, selon les mœurs du temps; mais il ne paraît pas qu'elle ait survécu au palais. Un seul fait, pendant ce long intervalle, mérite d'être cité : c'est le campement de l'empereur Charles-le-Gros sur la butte de Monceaux, en l'année 885 ; car ce fut bien à Monceaux, et non à Montmartre, que ce prince établit son camp. La relation du moine Abbon ne laisse aucun doute à cet égard [1] : Il ficha, dit-il, ses tentes au pied de la montagne de Mars, sur le sommet du second regard :

Sub Martis pedibus montis speculumque secundum [2].

On appelait alors du nom de *regard* un lieu d'où la vue embrassait un grand espace; plus tard on donna le même nom à une fontaine ou une nappe d'eau limpide, dans laquelle on se mirait.

On connaît assez les résultats déplorables de l'expédition de Charles-le-Gros, pour qu'il suffise de les rappeler ici. Les Normands, campés sur l'une et l'autre rive du fleuve, tenaient la ville étroitement bloquée, lorsque l'empereur parut avec une armée formidable. A son approche, les ennemis abandonnèrent

---

[1] *De Bellis Parisiacis,* vers 330.
[2] Dom Bouquet a imprimé, sans doute par inadvertance, *speculamque secundùm,* ce qui ne présente aucun sens.

la rive droite, et concentrèrent toutes leurs forces de l'autre côté. Dans le temps même où l'on croyait Charles occupé à faire ses préparatifs pour les écraser, il négociait avec eux, leur comptait une grosse somme d'argent, et leur concédait le pillage des provinces, pourvu qu'ils levassent le siége de la capitale. Ce fut un des premiers actes de cette folie, qui devait provoquer, deux ans plus tard, sa dégradation de l'empire [1].

Comme toutes les autres localités des environs de Paris, Clichy eut à souffrir des maux inouïs par le fait des invasions des Normands, qui se renouvelèrent à tant de reprises pendant la durée du neuvième siècle, et plus qu'aucune d'elles peut-être, à cause des splendides palais qui couvraient son territoire.

---

[1] V. *Annal. Vedastin.*, p. 87. Collect. de dom Bouquet, t. VIII.

Alors, sans doute, fut renversé, pour ne plus se relever, le palais de Dagobert. L'historien Aimoin dit, en parlant de l'expédition de 849, que les terribles pirates trouvèrent la ville presque abandonnée, les environs déserts, et qu'ils se répandirent dans les campagnes, incendiant et massacrant tout ce qui tombait sous leur main [1]. Comme tous les environs, Clichy eut à subir cette peste qui suivit de près le passage de l'impétueux ouragan qui détruisit l'église de Montmartre en 944, selon le récit de Frodoard ; celle qui désola le centre du royaume en 1133, après les guerres civiles suscitées entre Henri I et le duc Robert, son frère, par les intrigues de l'ambitieuse Constance de Provence. Mais l'histoire ne marquant rien de particulier dans aucune de ces circonstances relativement au village de Cli-

---

[1] V. Dom Bouquet, t. VII, p. 348.

chy, qui devait alors être d'une bien minime importance, nous ne pouvons entrer dans aucuns détails.

Vers 1193 commence une ère nouvelle avec la fondation de la seigneurie.

CHAPITRE QUATRIÈME.

FONDATION DE LA SEIGNEURIE ET HISTOIRE DES PREMIÈRES
FAMILLES SEIGNEURIALES.

Le roi Philippe-Auguste désirant réunir à son domaine le château-fort de Pierrefonts, situé dans le voisinage de Soissons et appartenant à Gaucher de Châtillon, lui donna en échange, par un traité conclu à Mantes, le domaine de Clichy-la-Garenne, valant quatre-vingts livres de rente, et assigna pour hypothèque la terre de Montreuil près Paris, en cas de moindre valeur de Clichy. Cette dernière paroisse avait alors accepté définitivement le nom qu'elle a conservé depuis, car la charte porte en toutes lettres le mot de *Clichiacum*.

Gaucher était fils de Guy de Châtillon et d'Alix de Dreux, fille de Robert de France et d'Harvise d'Evreux, et petit-fils de Hugues, comte de Saint-Paul et de Blois, seigneur de Châtillon, de Montjay et de Saint-Aignan.

La seigneurie de Montjay était entrée dans la famille de Châtillon par le mariage d'Ermengarde de Montjay, fille d'Albéric Payen, seigneur de Montjay, avec Henri de Châtillon, vers l'an 1130. Celle de Pierrefonts, par le mariage d'un autre Gaucher, vers la même époque, avec Adeline de Pierrefonts, fille de

Dreux de Pierrefonts et de Béatrix de Rochefort. Le nom de la famille remonte à la construction du château de Châtillon, à cinq lieues de Reims, par le comte Hérivée, en l'an 940.

Il est peu de maisons d'une plus grande illustration que celle-ci ; il en est peu qui puissent se glorifier de plus grandes alliances ; car, outre celle que nous venons d'indiquer avec la famille royale, et en vertu de laquelle Philippe-Auguste donnait au seigneur de Clichy le titre de son cousin, *cognatus noster*, il faut remarquer encore celle de Jeanne de Châtillon, comtesse de Blois et de Chartres, fille de Jean de Châtillon et d'Alix de Bretagne, avec Pierre de France, comte d'Alençon, fils du roi saint Louis, en 1272.

Gaucher de Châtillon, époux d'Adeline de Pierrefonts, mourut à Laodicée en 1147, pendant la seconde croisade. Son fils, Guy de Châtillon, le père de celui qui obtint la seigneurie de Clichy, fut le protecteur des gens de lettres. Guyot de Provins en fait l'éloge dans sa Bible en vers. Il attira à sa cour, entre autres savants personnages, Gauthier de l'Ile, qui y composa son *Alexandréide.* Ce poëme n'ayant été achevé qu'après la mort de Guy, l'auteur le dédia à Guillaume de Champagne, archevêque de Reims, membre de la même famille, ainsi que l'indiquent les armes des comtes de Champagne, alors écartelées de celles de Châtillon [1].

Guillaume, comte de Champagne et de Blois, dit aux *blanches mains*, archevêque de Sens et ensuite de Reims, cardinal légat dans les Gaules et en Allemagne, était fils du comte Thibault-le-Grand, et frère d'Alix de Champagne, mère de Philippe-Auguste. Lorsque ce

---

[1] Armes de Châtillon : De gueules, à trois pals de vair, au chef d'or.

jeune prince s'embarqua pour la croisade, il laissa la régence du royaume à sa mère et à son oncle, dans lequel il eut toujours la plus grande confiance, et qui fut son principal ministre jusqu'en 1202, époque de la mort de ce prélat. Les lettres et les arts perdirent en lui un protecteur aussi généreux qu'éclairé.

Le seigneur de Clichy-la-Garenne et Guy, son frère, s'embarquèrent avec leur souverain pour la Terre-Sainte, et y signalèrent leur valeur et leurs talents. Gaucher se distingua particulièrement au siége d'Acre, en 1191. A son retour, il fut fait sénéchal de Bourgogne et bouteiller de Champagne. Il accompagna de nouveau Philippe-Auguste, en 1203 et 1204, à la conquête du duché de Normandie. Il prit ensuite le titre de comte de Saint-Paul, sa femme ayant hérité de ce comté. Il suivit le comte de Montfort en Languedoc. Il commanda l'armée de Flandre, prit Tournay, combattit valeureusement à Bouvines, se croisa de rechef contre les Albigeois en 1219, et mourut au mois d'octobre de la même année.

Le connétable de Châtillon, son petit-fils, se distingua davantage encore. Créé connétable de Champagne en l'an 1297, après avoir vaillamment défendu cette province contre les Anglais, il reçut l'épée de connétable de France à la mort de Raoul de Clermont, tué à la bataille de Courtray. Il contribua puissamment au gain de celle de Mons-en-Puelle, en 1304, et commanda encore à celle de Cassel, en 1328, quoique âgé de quatre-vingts ans. Il mourut l'année suivante.

Gaucher de Châtillon ne conserva que peu de temps la seigneurie de Clichy; il fut obligé, à la demande du roi, de la céder en dot, dès l'an 1193, à sa sœur, Alix de Châtillon, en la mariant à Guillaume de Garlande. Philippe-Auguste, dont Guillaume de Garlande paraît avoir été l'un des principaux favoris, voulait le récompenser de ses bons et loyaux services. Rien n'est plus flatteur que les termes du contrat dans lequel il règle lui-même cet arrangement de famille : « Guillaume de Garlande est, dit-il, un des hommes d'armes qui nous sont le plus chers, et auxquels nous avons le plus de confiance. » Puis il ajoute : « Et pour preuve de l'amour que nous lui portons, à cause des nombreux services qu'il nous a rendus, et qu'il ne cesse de nous rendre chaque jour, nous lui donnons Montreuil, près Paris, avec toutes ses dépendances. » Cette charte [1] est le plus ancien monument relatif à la seigneurie de Clichy, et c'est elle qui nous apprend que Gaucher de Châtillon l'avait reçue

---

[1] L'autographe est aux Archives générales. Elle se trouve imprimée dans l'histoire de la maison de Châtillon par Duchesne, et ailleurs.

peu auparavant en échange de celle de Pierrefonts.

Guillaume de Garlande, seigneur de Livry et de Crussy, fut comblé de biens à l'occasion de son mariage avec Alix de Châtillon : Philippe-Auguste ajouta aux domaines de Clichy et de Montreuil, ceux de Neuchâtel en Vexin et d'Ons-en-Bray ; Pierre de Courtenay, comte de Nevers, y joignit la terre de Saint-Cyr en foi et hommage, Gaucher donna en propre à sa sœur la terre de Wiarmes. Guillaume constitua en hoirie à sa femme le château de Livry, et la moitié des terres qui en dépendaient. Clichy, placé sous la mouvance de la seigneurie de Montjay, devait y rester jusqu'à la fin. Alix de Châtillon mourut en 1208, le premier octobre.

La famille de Garlande, inférieure en richesse et en puissance à celle de Châtillon, compte pourtant de grandes illustrations.

Gilbert de Garlande accompagna Godefroy de Bouillon à la première croisade et se signala au siége de Nicée[1]. Ses deux frères, Anseau et Guillaume, furent successivement sénéchaux de France. Le premier fut tué d'un coup de lance au siége du Puiset en 1117; le second commandait l'armée royale à la bataille de Brenneville en 1119. Le fameux Etienne de Garlande, évêque élu de Beauvais, plus célèbre par ses grandes dignités et par ses défauts que par des actions recommandables, était leur frère. Il fut successivement chancelier et sénéchal de France. Il eut le maniement des affaires du royaume pendant neuf années, et porta les armes contre son souverain en 1130. Son neveu, Manassès, évêque d'Orléans, sacré en 1146, n'est guère moins fameux; une des rues de Paris porte

---

[1] Guillaume de Tyr et Albert d'Aix le nomment Gauthier.

encore le nom de cette illustre et noble famille.

Guillaume V de Garlande, époux d'Alix de Châtillon, était arrière petit-fils du sénéchal Guillaume II° du nom. Il se conduisit avec une rare intrépidité au siége de Rouen en 1204; à Bouvines, il combattit aux côtés du monarque avec la fleur de la chevalerie française [1]; les historiens Rigord et Guillaume le Breton en parlent avec les plus grands éloges. Phi-

---

[1] Ou milieu de ceste disposition estoit li Rois ou premier front de sa bataille : si li estoient joint ou costé Guillaume des Barres, la flor des chevaliers; Bartholemius de Roie, anciens bons et sages ; Gauthiers li jones chambellans, sages hons et bons chevaliers et de meur conseil ; Pierre Mauvoisins, Gérard Latruie, Estienne de Long-Champ, Guillaume de Mortemer, Jehans de Roboroi, Guillaume de Gallande, Herris li cuens de Bar... Tui cist furent mis en la bataille le Roi par grant spécialité, pour son corps garder, pour lor grant loyauté, et pour l'opinion de leur souveraine prouesse. (*Gestes de Philippe-Auguste*, liv. III, n° 11, apud Bouquet, t. XVII. V. *ibid.* n° 14.)

lippe-Auguste le choisit pour exécuteur testamentaire. Il n'eut de son mariage avec la dame de Clichy que trois filles, Jeanne, Marie et Elisabeth [1].

Tels sont les premiers seigneurs de Clichy-la-Garenne, nonobstant ce qu'en a pensé le savant historiographe [2] qui place en 1145 un seigneur du nom de Hugues de Comme. Hugues de Clichy, et non de Comme, est connu par un acte du cartulaire de Saint-Lazare [3], par lequel les frères Dedo et Baudouin, de Gonesse, donnent à l'hospice des lépreux tout ce qu'ils possèdent à Sevran. Hugues de Clichy, du fief duquel la totalité des biens donnés par cet acte relevait, apparaît pour confirmer la donation, avec la sanction de Guillaume,

---

[1] Il portait pour armes deux fasces de gueules sur un champ d'or.

[2] L'abbé Lebeuf.

[3] V. *Cart. S. Lazar.*, fol. 3.

bouteiller du roi, duquel le fief de Hugues relevait lui-même en pleine seigneurie. Ce bouteiller est Guillaume de Senlis, surnommé le Loup, qui fut échanson depuis 1131 jusqu'en 1147.

Il ne peut-être question ici que de Clichy-en-Launois ; le voisinage de Gonesse, de Sevran et de Senlis l'indique suffisamment, et c'est une rectification de plus à faire aux ouvrages de ceux qui ont confondu cette paroisse avec le palais du vieux Clichy, et écrit, par suite de la même erreur, que Dagobert avait donné aux moines de Saint-Denis la seigneurie de Clichy-en-Launois.

Jeanne de Garlande épousa Jean, comte de Beaumont-sur-Oise, Marie fut mariée en premières noces à Henri V, comte de Grand-Pré, en secondes noces à Geffroy de Joinville, seigneur de Montesclair, et après divorce, en troisièmes noces, à Anseric IV de Montréal, seigneur de Pontoise. Elisabeth épousa en premières noces Guy de Senlis, seigneur de Chantilly et d'Ermenonville, bouteiller de France après son père, Guillaume de Senlis; en secondes noces, Jean de Beaumont, chambrier de France, dont la postérité posséda pendant longtemps la seigneurie de Clichy. Le comte de Beaumont-sur-Oise mourut en 1222, sans laisser d'enfants de Jeanne de Garlande.

Il y avait alors une église paroissiale à Clichy, car elle se trouve mentionnée parmi celles à la nomination du chapitre de Saint-Benoît, sur un pouillé du diocèse de Paris du commencement du treizième siècle [1].

Ce chapitre, dont aucun monument ne révèle l'existence avant la fin du douzième siècle, c'est à dire avant l'an 1180, desservait

---

[1] V. *Cartul. Paris.*, p. 15, aux Archives Nationales.

l'église de Saint-Benoît [1], dite d'abord le mal tourné, à cause de sa position inverse, et ensuite le bétourné, lorsqu'on eut reporté l'autel à l'extrémité orientale. Il nommait à plusieurs cures et avait juridiction sur toute l'étendue de la paroisse de Saint-Benoît, avec des officiers et des prisons. Nous ne connaîtrons que plus tard les noms des curés dont il fit choix pour administrer la paroisse de Clichy.

Il est vraisemblable que l'érection d'une église paroissiale est d'une date postérieure à la fondation de la seigneurie. En effet, l'emplacement de cette église au centre des terrains réservés pour les accompagnements du château, et sa proximité du château même, semblent l'indiquer. Or, il est au moins dou-

---

[1] Située rue Saint-Jacques, n° 96. Elle sert maintenant de dépôt aux farines.

teux que les Châtillon et les Garlande aient habité Clichy; il n'en est pas de même des Beaumont; ce serait donc à ces derniers qu'il faudrait attribuer la fondation de l'église et du château.

Le temps n'était plus où les seigneurs, surtout ceux des environs de Paris, pouvaient élever des châteaux forts avec pont-levis et créneaux; espèces de citadelles aux murs de six à huit pieds d'épaisseur, bâties sur des monticules, environnées de fossés et flanquées de donjons, du haut desquels les nobles maîtres, en regardant leurs serfs penchés sur la boue, s'imaginaient les voir ramper à leurs pieds. Louis-le-Gros avait commencé une guerre de démolition, que Louis-le-Jeune, son successeur, auquel l'histoire reproche une grande faute suivie de grands malheurs, continua avec persévérance; et Philippe-Auguste, qui n'entendait à aucun accommodement sur l'article de son autorité, était moins d'humeur encore à laisser croître auprès de lui une puissance qui semblât défier la sienne. Les nouveaux propriétaires de Clichy-la-Garenne furent donc obligés de se contenter d'un plus humble manoir. Ils choisirent pour l'édifier le centre de leur propriété, en se rapprochant des bords de la Seine et du village déjà existant; si toutefois la fondation du château ne fournit pas plutôt aux serfs l'occasion de transporter leur habitation près de celle du seigneur suzerain, protecteur né de leurs biens et de leurs personnes.

Jean de Beaumont, qui reçut de son mariage avec Elisabeth de Garlande la seigneurie de Clichy, ne tirait point son nom d'un lieu dit Beaumont-le-Déramé, comme tant d'auteurs l'ont cru [1], en voyant quelques-uns des

---

[1] L'abbé Lebeuf a été l'auteur de cette méprise; en ne fai-

seigneurs de Clichy porter ce surnom; mais il est douteux qu'il appartînt à la puissante maison des comtes de Beaumont-sur-Oise, dont plusieurs membres avaient été honorés du titre de chambriers de France; fonction d'autant plus importante, qu'elle conférait à celui qui en était revêtu et à ses lieutenants toute juridiction sur les marchands et sur les artisans du royaume, et qu'elle ne relevait que du grand conseil. Les ducs de Bourgogne, de Bourbon, d'Orléans devaient dans la suite ambitionner à l'envi l'honneur d'un pareil titre.

Le seigneur de Clichy, Jean de Beaumont, en fut honoré lui-même après Barthélemy de Roye, décédé en 1223, lequel avait succédé à Mathieu III, comte de Beaumont-sur-Oise. Le

---

sant pas attention que le surnom de *Desramé* n'a jamais été appliqué qu'au quatrième des Beaumont et à ses descendants.

choix de Jean de Beaumont après trois autres personnages du même nom, dans l'espace d'un siècle, semblerait indiquer une communauté d'origine, surtout à une époque où les grandes dignités, sans être hériditaires, se conservaient cependant, autant qu'il était possible, dans les mêmes familles, si la différence absolue des armes, ne nuisait à cette supposition [1]. Les Beaumont de Clichy-la-Garenne, à en juger par cet indice, étaient de la même famille que les Beaumont de Saint-Geneviève, dont plusieurs servirent en qualité de maîtres d'hôtel dans les palais de Louis de Navarre, de Jean, duc de Normandie, de Philippe-Auguste et de Philippe-le-Long. L'un d'eux est même qualifié de chambellan du roi dans un acte de

---

[1] Les comtes de Beaumont portaient d'azur au lion d'or, et les Beaumont de Clichy-la-Garenne, aussi bien que les Beaumont de Sainte-Geneviève, gironné d'or et de gueules de huit pièces.

1349, un second prend le titre de maréchal de France dans un acte de l'an 1250.

Jean I de Beaumont, auquel la plupart des historiens donnent mal-à-propos le titre de chambellan, différent de celui de chambrier, eut une grande part dans les bonnes grâces de Louis IX ; Guillaume de Nangis l'appelle le fidèle du roi. Ce prince, encore mineur, mais sur le point d'atteindre sa majorité, montra en quelle estime il l'avait, lorsqu'il le chargea d'aller réprimer une révolte générale des Albigeois. Jean de Beaumont, ajoute le chroniqueur, remplit sa mission avec une étonnante célérité ; arrivé sur les lieux avant d'être attendu, il ouvrit la campagne par le siége de Montréal, et le poussa avec tant de vigueur, que la ville, prétendue inexpugnable, fut obligée de se rendre à discrétion au bout de quelques jours. Après l'avoir remise en état de défense, il enleva de même une à une les autres places fortifiées; sa marche, à travers la province insurgée, fut un enchaînement de combats, de travaux et de périls, c'est à dire de triomphes. Quand tout le pays se fut incliné devant la puissance des armes du roi, le général ramena une armée victorieuse au jeune monarque, qui fit rendre à Dieu de solennelles actions de grâces, pour un succès si prompt et si decisif [1].

Le sire de Beaumont survécut peu de temps à son triomphe [2], car sa seconde femme, du nom de Jeanne, donnait en mariage, en qualité de dame de Clichy-la-Garenne, et avant

---

[1] V. *Gesta Sancti Ludovici*, per Guillelm. de Nang. ,cap. 13, apud Duchesne, in *Collect. Script.*, t. V.

[2] V. Laroque, *Généal. d'Harcourt*, et le P. Anselme, *Généal. de Beaumont*. Jean de Beaumont, chambrier dès le régne de Louis VIII, était mort avant l'an 1240, quoiqu'en dise le P. Anselme, en contradiction avec lui-même sur ce point, puisqu'à cette époque il était remplacé par Jean de Nanteuil, qui remplit les fonctions de cette charge jusqu'en 1248.

l'an 1240, sa fille, Alix de Beaumont, à Jean I, sire d'Harcourt, Elbeuf, Auvers, Nehou et autres lieux, vicomte de Saint-Sauveur. Cette alliance avec une des plus riches et des plus puissantes familles de Normandie, indique suffisamment de quelle illustration était la famille de Beaumont elle-même. La dame d'Harcourt mourut en 1275, et fut enterrée au prieuré du Parc.

Jean de Beaumont avait eu de son mariage avec Elisabeth de Garlande, outre Thibault de Beaumont, qui ne laissa en mourant que des filles, et Nicolas de Beaumont, chanoine de Paris, Jean II de Beaumont qui lui succéda dans les seigneuries de Clichy et d'Ons-en-Bray. Celui-ci vivait encore en 1271. Il avait épousé Jeanne de Roye, et fut père de Jean III de Beaumont, mari de Jeanne de Gondreville, laquelle vendit, pendant son veuvage, sa terre et sa seigneurie de Gondreville à « son chier seigneur monsieur Monseigneur Charles de Valois, » ainsi que le porte le contrat[1] ; vente confirmée en 1315 par ladite dame et par son fils, Jean IV de Beaumont, dit le *Desramé*[2], seigneur de Clichy et de Courcelles-la-Garenne.

Cette seconde seigneurie, dont il est question ici pour la première fois, et qui devait rester sous la mouvance de celle de Clichy, était une fondation récente faite en faveur de quelqu'un des membres de la famille de Beaumont.

Jean IV de Beaumont fut honoré des premières charges de l'Etat, et rendit à la France

---

[1] V. aux Archives générales, carton de Valois.

[2] Il nous semble probable que ce surnom lui vint de ce que, en aliénant la terre de Gondreville, qui contenait une forêt magnifique, sa mère l'avait en effet *déramé*, parce qu'il ne lui restait plus de bois dans ses autres propriétés.

des services signalés. Admis dès sa jeunesse aux conseils du roi, il fut promu à la dignité de maréchal de France en 1315, après la démission de Miles VI, seigneur de Noyers ; ensuite, nommé gouverneur de la province d'Artois, et chargé de l'exécution des conventions conclues entre la comtesse **Mahaud** et la noblesse artésienne ; mission d'autant plus difficile, que la politique était encore une science toute nouvelle, et que cette affaire de succession faisait grand bruit en Europe. Il s'agissait de faire admettre les droits d'une femme dans l'Artois, au moment même où Philippe-le-Long venait de faire exclure les femmes du trône de France, en vertu d'un article de la loi salique qui n'existait nulle part. L'intérêt du roi et de la monarchie voulaient que Jeanne de Navarre cédât le trône de France à son oncle, et que Robert d'Artois cédât le duché à sa tante ; il n'était besoin que de tròuver des raisons et des différences, et de les faire valoir.

Jean de Beaumont rendit de plus grands services encore dans la guerre de Flandre ; malheureusement il y reçut la mort après deux années de travaux et de fatigues, au mois de juillet 1318. Il laissait de sa veuve, nommée Jeanne, qui se remaria à Jean de Férières, Jean V de Beaumont, dit aussi le Desramé, seigneur de Clichy et de Courcelles.

Jean V employa l'intervention de Guy de Beaumont, son oncle [1], et le compagnon d'armes de son père, afin de rentrer dans les sommes que l'État devait à celui-ci pour ses gages.

Son fils, Thibault de Beaumont, dit le Desramé, épousa Catherine de Courtremblay, qui

---

[1] Gui de Beaumont est la tige d'une troisième famille : celle des seigneurs d'Onz-en-Bray.

était en 1369 gardienne, c'est à dire tutrice, de son fils, Jean VI de Beaumont, le Desramé, seigneur de Clichy et de Courcelles, et qui s'était remariée à Jean de Mousoult. Jean VI de Beaumont vivait en 1387 ; il ne laissa en mourant que des filles ; l'aînée, Isabelle, qui fut dame de Clichy et de Courcelles après son père, avait épousé Louis de Chaources, seigneur de Carrières ; la seconde, nommée Marguerite, fut mariée à Pierre d'Hargeville, et Perronnelle, la troisième, à Robert de Verneuil, seigneur de Drocourt.

Louis de Chaources eut de son mariage avec Isabelle de Beaumont, Jean de Chaources, seigneur de Malicorne, et Jeanne de Chaources, qui porta la seigneurie de Clichy-la-Garenne en mariage à Gui de Craon, chambellan de Charles VI, quatrième fils de Guillaume de Craon, seigneur de la Ferte-Bernard et de Sainte-Maure, favori de Louis I d'Anjou.

Gui de Craon mourut sans laisser de postérité, et légua à sa femme, par acte testamentaire daté de Loudun le 14 octobre 1401, ses terres de Sainte-Julitte, Chaumuçay, Neumanoir et la Lombarderie, en place de la seigneurie de Clichy, qu'il avait aliénée lors de son mariage pour une somme de cinq mille livres, employée à acquitter ses dettes [1].

[1] . . . . Item pour ce que je estois tenu envers plusieurs personnes en grandes sommes de deniers par avant que je espousasse ma tres chere et bien aimee espouse dame Jehanne de Choucres et pour m oi acquitter dicelles sommes je eusse vendu son hostel de Clici en la Garenne appartenances appendances despendances dicelui quelconques parts et heritages delle pour la somme de $V^m \cdot L$ en deniers que je eu et recu et baille a ma descharge et acquit voulant et desirant a la descharge de mon ame rescompenser ma dicte espouse non en tout au moins en partie je aussi baille quitte et deslaisse et transporte a tous jors mais a ma dicte espouse et a ses hoirs par heritage mes terres et biens de Saincte Julitte Chumucay Neuf manoir et la Lombarderie avec les appartenances appendances despendances dicelles...... (V. Test. de Gui de Craon, aux Arch. Nat., registre des Testaments.)

Cet acte n'indique pas, il est vrai, en faveur de qui l'aliénation avait été faite ; mais il semble que ce dut être en faveur de Pierre de Giac, lequel est qualifié de seigneur de Clichy dès l'an 1389, dans la procédure dont il a été question. Pierre de Giac apparaît encore en une autre affaire, dix années plus tard ; voici dans quelles circonstances : En 1399, le jour de la fête saint Médard, qui rassemblait une foule d'étrangers à Clichy, un sergent, nommé Conteville, ayant désarmé un étudiant, venu à la fête avec une épée, nonobstant les defenses du maire d'y porter des armes d'aucune espèce, il en résulta un grand mécontentement parmi la jeunesse des écoles, alors débauchée, mutine, querelleuse, enhardie par le nombre et protégée par les priviléges exorbitants dont la faveur des rois avait comblé l'Université. L'étudiant revint donc à la saint Martin suivante, accompagné d'une foule de camarades et de quelques régents, tous armés et disposés à tirer une vengeance terrible de ce qu'ils regardaient comme un affront. L'étudiant reconnut le sergent qui l'avait désarmé, se précipita sur lui et le blessa. Les habitants sonnèrent le tocsin ; il y eut une terrible mêlée, et bientôt quatre écoliers furent laissés pour morts sur la place ; les autres prirent la fuite. Il en résulta un procès au civil et au criminel, dans lequel Pierre de Giac intervint [1].

Cette transmission rapide de la seigneurie, dont il est déjà si difficile de se rendre compte, se complique encore d'un nom étranger à tous ceux qui précèdent, comme à ceux qui doivent suivre : on le trouve en 1379 sur les registres du parlement de Paris, à une occasion semblable. Le 1ᵉʳ mai 1379, jour de saint Jacques et saint Philippe, patrons de la léproserie du

---

[1] V. *Regist. du Parlement criminel*, jeudi 17 février 1400.

Roule, il y eut dans la chapelle, qui était en ce jour le lieu d'une grande réunion de promeneurs et de pèlerins, une émeute accompagnée d'effusion de sang, et par suite une procédure, dans laquelle figurent messire Pierre de Bournazel, chevalier, conseiller du roi, seigneur de Clichy-la-Garenne, Jacques Petit, curé de Lirichant, Nicolas de Provins, maire de Clichy, et autres personnages [1].

Cette perturbation, du moins apparente, de l'ordre héréditaire dans la seigneurie, pourrait provenir d'une confiscation momentanée [2]. En 1378 avait été fait le procès des complices du roi de Navarre, accusé d'une tentative d'empoisonnement sur la personne de Charles V,

---

[1] V. *Jugés*, XXX, 54, V°.

[2] Un membre de cette même famille, Jean de Beaumont, frère de mère de Louis de Sancerre, et fils, par conséquent, de Béatrix de Roucy, avait subi en 1367 une confiscation générale de ses biens.

et en 1379 la guerre entre les deux rois n'était pas terminée. Ou peut-être Bournazel était-il acquéreur d'une partie de la seigneurie; mais alors nous ne saurions dire ce que devint cette portion détachée.

Pierre I de Giac, chevalier, seigneur de Clichy-la-Garenne, de Soupy, de Josserand, de Saint-Germain-du-Bois-Rémy, de Châteaugay, etc., premier chambellan du roi, chancelier du duc de Berry, et ensuite chancelier de France et conseiller maître des requêtes du duc de Berry, fut un des hommes les plus remarquables de son temps pour ses rares qualités, ou l'un des courtisans les plus éhontés et les plus cupides qu'il y ait jamais eu. Il fut comblé de toutes les faveurs de la cour; dons gratuits, émoluments, pensions ordinaires et extraordinaires, titres et honneurs, rien ne lui manqua. Il était attaché d'une manière spéciale à la personne du duc de Berry, qui lui confia le commandement de sa garde particulière, composée de trente hommes d'armes. Les ducs de Bourbon, de Bourgogne, Charles VI lui-même, l'accablèrent de présents. On peut noter comme une singularité qu'il se fit donner les murs et tourelles de Paris depuis la porte Saint-Antoine jusqu'à la porte Saint-Paul; le roi lui donna de plus, en 1384, l'hôtel de Hugues Aubriot, dont il avait fait récemment l'acquisition, et lui concéda une prise d'eau, *grosse comme le gros bout d'un fuseau,* sur les fontaines publiques.

Il mourut en 1407, et fut enterré dans l'église des Cordeliers de Riom, où il avait fondé une chapelle et fait construire un tombeau.

Il avait eu de sa femme, Marguèrite de Campendu, un fils nommé Louis de Giac, seigneur de Châteaugay, qui fut, comme son père, comblé de richesses et d'honneurs. Il eut les titres de chambellan des ducs de Berry et de Bourgogne, celui de grand-échanson de France depuis 1386 jusqu'en 1396 ; cependant il préféra la carrière des armes aux intrigues de cour. Il assista à la bataille de Rosebec. Il accompagna Charles VI dans son expédition aux pays de Gueldres et de Juliers, et demeura prisonnier. La taxe de sa rançon, estimée à la somme énorme de vingt-quatre mille livres, démontre la grandeur présumée de ses richesses, ou du moins des richesses de sa famille. Cependant le roi ne voulut pas qu'il la payât seul, et lui fit don de dix mille livres ; auxquelles le duc de Bourgogne en ajouta deux mille autres.

S'il n'y a rien à dire des succès militaires de Louis de Giac, il faut au moins tenir un grand compte de sa bravoure. Lorsque nul intérêt ne le rappelait sur les champs de bataille, si ce n'est le seul amour de la gloire, il se laissa séduire au chevaleresque entraînement qui précipitait la fleur de la noblesse française, au nombre de deux mille croisés, sur les pas du comte de Nevers, au secours de Sigismond, roi de Hongrie; et partagea, avec cette poignée de braves, l'honneur d'offrir la bataille au redoutable Bajazet, empereur des Turcs. Il succomba sous le nombre avec son général et avec les comtes de la Marche et d'Eu, avec Enguerrand de Coucy et le maréchal de Boucicault; défaite glorieuse, puisque le triomphe était impossible, et pourtant probable, sans la défection des Hongrois, jaloux de tant de lauriers déjà moissonnés. C'était en 1395; le kan de Samarkande, Timur devait venger la France en 1402 à Angoury.

On ignore ce que devint Louis de Giac après la funeste bataille de Nicopolis ; on crut qu'il était demeuré parmi les prisonniers; c'est du moins l'opinion qui se trouve exprimée, mais avec hésitation, dans un codicille de son père, à la date du 23 août 1407. Plus heureux que lui, son beau-frère, Jacques de Tournon, époux de Catherine de Giac, avait rencontré la mort sur le champ de bataille.

Louis de Giac ne revint point en France. Il avait laissé sa femme, Jeanne de Peschelin, dame de Bréon, mère de deux filles, nommées Jeanne et Marguerite, qui épousèrent, la première, Louis des Barres, et la seconde, Philibert de Saint-Palais, et d'un fils, nommé Pierre, qui fut élevé sous la tutelle de son aïeul.

Le cours des faveurs royales et des dons gratuits, qui avaient si constamment accompagné son père et son aïeul, ne se détourna pas de Pierre II de Giac, homme aussi médiocre qu'ambitieux, et qui ne rachetait ses vices par aucunes vertus. Il fit périr par le poison sa première femme, Jeanne de Naillac, pour épouser Catherine d'Islebouchard, veuve du comte de Tonnerre, l'une des femmes les plus belles et les plus spirituelles de son temps, mais aussi des plus dépravées. En contractant ce mariage, il se proposait pour but de monter aux plus hautes dignités par l'intermédiaire du président Louvet, amant de Catherine d'Islebouchard; déterminé d'avance à tous les sacrifices, et spéculant sur celui de son propre honneur. Le prix de ses coupables complaisances fut son élévation au ministère, après la retraite du président et sur sa recommandation. De conseiller de Charles VII, il devint son chambellan, ou plutôt son favori, et le directeur des finances de l'Etat. Il abusa de sa position de la manière le plus indigne.

Le connétable de Richemont avait levé à grande peine une armée, pour achever de chasser les Anglais du sol de la France. Il faisait son entrée en campagne par la Normandie; mais bientôt ses soldats manquant des objets les plus nécessaires, par la trahison de

Pierre de Giac, qui, sur l'instigation de Louvet, ennemi du connétable, détournait les sommes destinées à l'entretien de l'armée, ils se débandèrent. Obligé ainsi de lever le siége de Saint-James de Beuvron, dans le pays d'Avranches, le connétable jura de se défaire du perfide ministre. Il arriva à l'improviste à Chinon, au moment où le roi était absent, fit enfoncer les portes de la maison de Giac, pendant la nuit, l'enleva des bras de sa femme, qui, dégoûtée elle-même de son ignoble époux, était du complot, institua une commission pour le juger, et le fit appliquer à la question.

Déchu des grandeurs, et lâche dans le danger, comme l'est toujours celui qui use sa bravoure contre le mépris public, le chambellan offrit de racheter sa vie à prix de l'or, et fit à la torture les plus étranges aveux. Il dit, entre autres choses, qu'il avait consacré sa main droite au diable, afin de réussir dans ses projets ambitieux ; il priait qu'on la lui coupât, de crainte, disait-il, que, pour avoir la main, le démon ne s'emparât de tout le corps. Il eut la tête tranchée, selon quelques historiens, dont le rapport paraît le plus vraisemblable; selon les autres, il fut jeté pieds et poings liés dans la rivière, à Dun-le-Roi, en 1426.

Son fils, nommé Louis de Giac, essaya inutilement de faire réhabiliter sa mémoire; il ne poursuivit pas moins inutilement au criminel, en 1445, Catherine d'Islebouchard et Georges de la Trémoille, l'un des complices de l'arrestation. Le jugement, la condamnation, le supplice, tout avait été illégal, mais les crimes bien avérés du coupable étaient la sauvegarde des juges.

Afin qu'il ne manquât aucune ignominie dans l'histoire de sa vie, Pierre de Giac négocia en 1419 les préliminaires de l'entrevue du pont de Montereau, pendant laquelle fut poignardé le duc de Bourgogne. Il est permis de croire cependant qu'il ne soupçonnait pas le but ou plutôt le dénouement de la négociation, puisqu'il est douteux que le dauphin lui-même l'eût en vue.

S'il reste au chambellan un seul mérite dont l'histoire puisse lui tenir compte, c'est de ne pas s'être rendu plus coupable encore en désertant le parti de la France.

Aussi le gouvernement étranger qui s'établit à Paris après la mort de Charles VI lui fit-il expier sa fidélité au dauphin, en confisquant ses propriétés, « La terre et seigneurie de Clichy emprès Paris en tant qu'elle se comportait en maisons, manoirs, villages, hommes, justices et sens, » fut donnée, par acte du du 26 juin 1423, à Jehan de Saint-Yon, trésorier et général gouverneur des finances de France, jusqu'à concurrence de trois cents livres, en place de cinquante livres de rentes à prendre sur des biens confisqués précédemment, et qui n'avaient pu être assises. Mais comme la terre de Clichy valait quarante-neuf sous et six deniers de plus que trois cents livres, Henri de Lancaster faisait don du surplus au nouveau propriétaire, afin que le domaine ne fût pas démembré [1].

[1] Il nous est impossible de dire si ce Jean de Saint-Yon est le même que Denis ou Jean de Saint-Yon, élu échevin en 1412 avec Jean de Troye, Jean de l'Olive et Robert du Belloy; le même que Jean de Saint-Yon, qualifié de boucher, qui fut excepté nommément avec Caboche et autres séditieux du temps, de l'amnistie accordée par le roi en 1415; le même que Jean de Saint-Yon, maître des requêtes et grand partisan des Anglais, qui sista à l'assemblée du 11 janvier 1436, après la prise du pont de Charenton par les troupes de Charles VII, aux fins de délibérer sur les moyens de défendre la capitale contre le roi. La grande boucherie de Paris, charge municipale des plus importantes, était encore tenue en 1642 par les Saint-Yon, les Dauverne, les Thibert et les Ladehors, comme on le voit par un acte d'opposition de leur part au projet du roi de construire un quai entre le pont Notre-Dame et le pont au Change. (V. D. Lobineau, *Hist. de Paris.*)

Il est probable que ce domaine fut repris à Jean de Saint-Yon ou à ses héritiers, en même temps que tous ceux que le gouvernement étranger avait distribué de la même manière, et qu'il fut rendu à Louis de Giac, lorsque le roi légitime [1] fut rentré en possession du royaume. Mais il nous devient impossible, faute de documents, de donner des détails sur la transmission du titre et de la propriété jusqu'au commencement du seizième siècle, où elle se trouve appartenir à la famille Aligret. On indique [2], dans l'intervalle, une Jeanne de Villiers-Adam, dame de Villacoublay et de Clichy, qui épousa, en 1478, Jean de Mon-

---

[1] Par un édit daté de Compiègne au mois d'août 1429, Charles VII rendit à leurs légitimes propriétaires tous les biens précédemment confisqués. V. aux Arch. Nat., *Ord. Barbinæ*, cot. D, fol. 137.

[2] L'abbé Lebeuf.

ceaux, chevalier, seigneur de Monceaux, maître d'hôtel de Louis XI.

Louis II de Giac avait épousé Alips de la Roche-Tornoëlle ; il vivait encore en 1472 ; il est incertain s'il laissa des descendants [1].

---

[1] Les armes de Giac étaient d'or, à la bande d'azur, accompagnée de six merlettes de sable, trois en chef et trois en pointe.

CHAPITRE CINQUIÈME.

SUITE DE L'HISTOIRE DES SEIGNEURS ET HISTOIRE LOCALE. STATISTIQUE.

La paroisse de Clichy semble avoir acquis de l'importance sous l'administration des derniers seigneurs de la maison de Beaumont, et sous celle de Pierre de Giac. Elle est presque toujours désignée dans les actes de cette époque par le nom de la ville de Clichy, notamment dans ceux du cartulaire du chapitre de Saint-Benoît, qui y possédait quelques parcelles de terrain et plusieurs parties de rentes. Nous avons vu à Clichy un maire du nom de Nicolas de Provins, en 1379, ce qui suppose alors une police municipale. Nous avons vu cette police établie d'une manière certaine en 1400, sous l'administration d'un autre maire, dont le nom est inconnu. Nicolas de Provins mourut en 1379. La pierre tumulaire qui recouvrait ses restes et ceux d'Œlips, sa femme, décédée douze ans auparavant, se voyait encore dans la chapelle de la Vierge au commencement du dix-neuvième siècle.

Le maire était à cette époque un officier municipal procédant de l'élection, qui n'apparaît que de loin en loin dans l'histoire administrative de nos aïeux. Il y avait donc alors à Clichy une corporation municipale, dont les membres ne relevaient que d'eux-mêmes et du roi, une corporation luttant d'autorité avec la seigneurie, existant en dehors de la seigneurie, portant des ordonnances et veillant à leur exécution; ce qui explique le mot de confrérie de Clichy, ou confrérie des habitants de Clichy, qu'on lit si fréquemment dans les actes des seizième et dix-septième siècles.

Il n'est pas douteux que la *ville* de Clichy n'ait eu à supporter sa part des douleurs auxquelles les environs de la capitale furent en proie pendant l'emprisonnement du roi Jean. Le dauphin ayant été obligé de quitter Paris le 25 mars 1358, le roi de Navarre y fut proclamé gouverneur, et de ce moment la banlieue devint le théâtre de la guerre la plus désastreuse : « Ci fut tout le pays gasté jusqu'à huit à dix lieues, disent les *Grandes Chroniques* de France, et coururent le pays, et ardirent les villes. » La désolation fut plus longue et plus grande encore pendant la guerre civile des Bourguignons et des Armagnacs. Ce fut au point qu'en 1421, les paysans cessèrent de labourer et de semer, dit le *Journal d'un Bourgeois de Paris;* ils avaient tout abandonné de désespoir, résolus de faire *du pis qu'ils pourraient,* ajoute le même journal. Il est vrai que la faction qui portait ainsi le fer et le feu dans les environs, afin d'affamer la ville, en la privant des aliments qu'elle aurait pu tirer de la banlieue, était celle des Armagnacs, ou du dauphin. Il est donc permis de croire que la paroisse de Clichy, dont le seigneur était lui-même un des armagnacs les plus fervents, se trouva épargnée ou du moins eut à souffrir à un moindre degré.

Le pont d'Asnières fut à cette époque le théâtre d'un combat, ou bien le bac, s'il n'y avait alors qu'un bateau de passage, ce qui est plus probable, s'engloutit sous le poids de gens armés; car en cherchant du sable au fond de la rivière, sur le lieu qu'il occupait, les pêcheurs ramènent quelquefois des armes, des vases en fonte[1] et des pièces de harnais. L'absence des armes à feu, l'état de conservation des objets, la forme des épées, la présence d'une arbalète encore armée de son dard, tout concourt à fixer pour époque à cet événement la fin du quatorzième siècle, ou le commencement du quinzième au plus tard.

La paroisse de Clichy fut aussi le théâtre de la guerre pendant le siége de Paris par l'armée de Charles VII. Jeanne d'Arc vint camper à Monceaux.

M. Fouquet, maire de Clichy, a déjà pu recueillir une douzaine de ces pièces; mais, avant son administration, un grand nombre avaient été vendues aux marchands de vieux fer.

> De lost des françois à monceaulx
> sen vindrent faire ung assaillie
> jusquau marchie des pourceaux
> soubs la montagne [1] sembuscherent
> pour illec estre a couvert
> et de la gaigner sen allerent
> dassault ung petit bollevert [2].

L'auteur ne dit rien de plus.

Au commencement du seizième siècle, la seigneurie de Clichy était possédée par la famille Aligret. En 1509, Guillemette L'Huillier était dame de Clichy [3]; or, il paraît qu'alors elle était veuve de Jean Aligret, seigneur de Clichy et du Plessis-Challan, lieutenant civil au Châtelet de Paris. Guillemette était fille de Philippe L'Huillier, conseiller et avocat général du roi en cour de parlement, décédé en

---

[1] Cette montagne était une butte artificielle, qui s'étendait entre l'église Saint-Roch et la rue des Moulins.

[2] V. *Vigiles de Charles VII*.

[3] Dit l'abbé Lebeuf.

1492, et de Henriette Hennequin de Lentaigues.

Leur fils, Olivier Aligret, avocat au parlement de Paris, seigneur de Clichy et de Charantonneau, épousa Claire Legendre, dont il eut trois fils, Pierre, François et Jean, et deux filles, Marie et Jeanne. Il mourut le 23 septembre 1535. François, seigneur de Charantonneau, fut reçu conseiller au parlement le 9 juin 1544, et mourut en 1556, laissant de sa veuve, Louise Charlet, Louise Aligret, dame de Charantonneau.

Jean Aligret II, seigneur de Clichy, ne paraît pas avoir été marié. Il mourut le 2 juillet 1583.

Marie Aligret épousa en premières noces Jean Hennequin, sieur de Bernonville, conseiller du roi, auditeur en la chambre des comptes, qui mourut en 1543, laissant Anne Hennequin, femme de Robert Leclerc, et en deuxièmes noces Guillaume de Marillac, seigneur de Ferrières.

Anne Aligret épousa Louis Hennequin, sieur de Mathau et de la Bazinière, conseiller du roi, procureur général en la cour des monnaies, qui devint possesseur de la moitié de la seigneurie, moyennant une somme de 5,600 livres au profit de son beau-frère, l'an 1562. Il en jouissait encore en 1575, mais il mourut peu après, car sa veuve comparut en la coutume l'an 1580.

Jean et Louis Hennequin étaient fils de Pierre Hennequin, sieur de Mathau, Bernonville, Blines et Scavières, décédé en septembre 1553, et de Marguerite Lotin.

Louis Hennequin eut d'Anne Aligret deux fils : Louis et Pierre.

Louis Hennequin II, seigneur de Clichy, ne fut pas marié.

Pierre Hennequin, sieur de Mathau, né en

1545, marié en 1579 à Anne du Breuil, fut père de Judith Hennequin, qui épousa Antoine de Joyeuse, baron de Verpel et de Montgobert, et d'Alexandre Hennequin, sieur de Mathau, qui eut la seigneurie de Clichy par héritage de son oncle.

Alexandre Hennequin, né en 1583, épousa Marie Richer de Lobinière, dont il eut Michel Hennequin.

En 1595, Alexandre Hennequin et un sieur de la Bazinière, co-seigneurs de Clichy, étaient sous la tutelle de Louis de Marillac, seigneur de Farinvilliers, fils de Guillaume de Marillac et de Marie Aligret.

Ce sieur de la Bazinière, qui devait bientôt réunir la totalité de la seigneurie, ne peut être que Macé Bertrand, parent d'Alexandre Hennequin, comme le prouve la communauté de leurs intérêts et l'unité de la tutelle. Dès l'an 1580, un autre démembrement du même domaine était possédé par un sieur Claude du Croc, écuyer, qui se qualifie également de seigneur de Clichy sur le procès-verbal de la *Coutume* de Paris.

Les familles Aligret et Hennequin ont donné à la magistrature et aux finances un grand nombre d'hommes éminents par leur savoir et leur intégrité [1].

La paroisse de Clichy se divisait alors en deux villages, qui prenaient chaque jour plus d'importance : le village de Clichy proprement dit, et le village de Monceaux. Celui-ci possédait, depuis longtemps déjà, une église ou chapelle qui dépendait, comme succursale, de l'église de la paroisse, et qui était desservie par un

---

[1] La famille Aligret portait d'azur à trois aigrettes d'argent, 2 et 1.

La famille Hennequin, vairé d'or et d'azur, à la bordure engrêlée de sinople, au chef de gueules, au lion léopardé d'argent.

prêtre ayant le titre de vicaire. Il avait aussi sa seigneurie et son château, nommé château du Bel-Air. La chapelle fut reconstruite en 1529, par Etienne des Friches, seigneur de Monceaux, dédiée sous le vocable de saint Etienne, patron du fondateur, et bénite, le 26 mars, par Guy, évêque de Mégare *in partibus infidelium*. Germain des Friches, successeur d'Etienne, vendit la seigneurie, l'an 1569, à Jean de Charron, valet de chambre du roi.

Le dernier héritier de cette famille, originaire de la Grèce, et venue en France à la suite de Philippe-le-Hardi, au service duquel s'était mis son auteur, revendit en 1746 au fermier général Grimod de la Reynière.

La seigneurie appartenait en 1612 à Jacques de Charron; en 1629, à Charles de Charron, héraut d'armes de la compagnie de Monsieur, frère unique du roi, lequel avait épousé

Anne de Champhuon; en 1680, à Pierre-Gilles-Odo de Charron, écuyer, cocher-écuyer de la grande écurie, valet de chambre ordinaire du roi, ancien capitaine du régiment du roi. Il mourut en cette même année. Anne de Champhuon mourut le 25 mars 1689 ; l'acte de ses funérailles nous apprend que le titre de valet de chambre ordinaire du roi était héréditaire dans la famille, et que son noble époux, le seigneur de Monceaux, était en outre seigneur de Liancour et de Rucour.

Tout cela est déjà loin de nos mœurs, et si dès maintenant nous avons peine à comprendre comment les seigneurs de tant de seigneuries s'honoraient du titre de valet de chambre, même d'un roi, dans un siècle d'ici on ne le comprendra plus du tout. A quel degré d'abaissement étaient donc descendus les vassaux, relégués aussi loin de leur seigneur, que le valet de chambre l'était lui-même de son maître? En quelle estime était donc auprès du roi, et sa garde, commandée par un valet de chambre, et sa noblesse, dégradée jusqu'à de pareils titres, sinon à de pareilles fonctions? Aujourd'hui les hommes valent nécessairement mieux, parcequ'ils s'estiment davantage. Le peuple, au reste, se vengeait de son humiliation par des sobriquets et des injures envers ceux qui avaient gagné leur anoblissement d'une manière abjecte; c'était la seule vengeance alors possible. Il savait distinguer la véritable noblesse, acquise au prix d'une grande illustration et de grands services rendus à la patrie, de cette noblesse de bas-aloi ramassée dans les écuries des princes ou dans leurs cabinets de toilette; il était impitoyable pour les gentilshommes de paille et les porteurs de coton.

A la place de l'ancienne église de Clichy, devenue trop petite, ou tombée de vétusté, une nouvelle avait été élevée ; elle fut bénite le dimanche 1ᵉʳ octobre 1525, par François de Poncher, évêque de Paris, et dédiée sous le vocable de saint Médard ; l'évêque en consacra en même temps les cinq autels. Cette dernière circonstance prouve que l'église était alors plus grande qu'elle ne l'a été depuis, et conséquemment, la population plus considérable ; car cinq autels supposent presque nécessairement quatre chapelles outre le chœur. Le nom de saint Médard n'apparaît pas ici pour la première fois, puisque déjà nous avons vu la fête de ce saint notée comme patronale au siècle précédent, à l'occasion d'une rixe sanglante à laquelle elle donna lieu. Cependant, il y a lieu également de penser, et c'est une tradition constante, que le vocable de la plus ancienne église était Saint-Sauveur. On voit dans presque tous les titres postérieurs à cette époque, les noms de saint Médard et de saint

Sauveur associés. On célébrait encore au dernier siècle toutes les fêtes du Sauveur du rite solennel. Une ordonnance épiscopale de 1733, transféra au dimanche suivant la fête de la Transfiguration, afin qu'elle pût avoir lieu avec plus de solennité, et que tous les paroissiens y assistassent, parceque saint Sauveur était le second patron de la paroisse. En 1734, le curé fit célébrer cette même fête avec une solennité extraordinaire, ayant profité de la présence à Paris des députés du clergé de France, réunis en assemblée générale, pour y inviter un grand nombre de prélats et de dignitaires de l'ordre. Or, il n'est pas possible que le rang de premier patron ait été donné d'abord à un évêque, et le second rang réservé pour le Sauveur. Il n'est pas même possible que le Sauveur et un saint de quelque ordre que ce soit, aient été associés dans l'origine. Le Sauveur a dû être le patron du plus ancien édifice ; saint Médard est devenu le patron d'un autre plus moderne.

Saint Médard a perdu lui-même son rang, lorsqu'en 1842 l'église a été mise sous le vocable de saint Vincent de Paul ; ce qui était tout à la fois une convenance et une justice : une convenance, parceque Vincent de Paul vit encore dans nos souvenirs ; une justice, parcequ'il a été le pasteur du troupeau, et probablement le fondateur de l'église.

Enfin, l'année 1526 nous fournit le nom de deux curés : Antoine Embleur résigne la cure en faveur d'un sieur Montanel, avec l'assentiment du chapitre canonial de l'église collégiale de Saint-Benoît, patron présentateur ; c'est tout ce que nous savons de leur histoire. Les noms qui viennent ensuite sont ceux de Michel Bazanier, Philippe Bazanier et Thomas Blin ; mais nous ne pouvons pas même y joindre une date. A Thomas Blin succéda le fameux François Bourgoing, célèbre par sa science et sa piété, qui résigna la cure en 1612, pour entrer dans la congrégation de l'Oratoire, dont il fut le troisième général. Il avait dû être pourvu aussitôt après son ordination, peut-être même avant, puisqu'il n'avait encore que vingt-sept ans, lorsqu'il donna sa démission.

Issu d'une famille originaire du Nivernais, mais établie depuis plus d'un siècle à Paris, où elle avait acquis une grande considération dans la magistrature, François Bourgoing, né le 18 mars 1585, ne devait pas dégénérer de la vertu de ses aïeux. L'un des élèves et bientôt des docteurs les plus distingués de la Sorbonne, qui était le séminaire de la science réelle et de la pure doctrine, Bourgoing fut un des six premiers prêtres de la congrégation de l'Oratoire, dont il devint un des plus illustres ornements. Après avoir beaucoup travaillé à la propagation de l'institut en France et dans les Pays-Bas, il succéda en qualité de supérieur général au père Charles de Gondren, dont il avait été vicaire général. Il gouverna avec une grande sagesse, et mourut en odeur de sainteté le 26 septembre 1662, après avoir publié divers ouvrages, qui respirent la piété la plus tendre, et mis en lumière les œuvres du cardinal de Bérulle, fondateur et premier général de l'ordre. Son père, Jacques Bourgoing, conseiller en la cour des Aides, était « docte ès langues et bien versé dans la poésie latine, » au rapport de La-Croix-du-Maine, qui en fait l'éloge. Son aïeul, Guillaume Bourgoing, avait rempli honorablement les fonctions de conseiller au parlement.

A un prêtre docte et pieux devait succéder un grand homme, un saint, le héros de l'humanité, l'honneur du christianisme, Vincent de Paul. Mais avant de raconter ce qui lui est relatif, nous reprendrons le récit des événements qui ont rapport à l'histoire civile.

Macé Bertrand de la Bazinière, secrétaire du roi et trésorier de son épargne, devint seul seigneur de Clichy, comme il a été dit précédemment. Il épousa Marguerite de Verthamon, veuve de Daniel Voisin, seigneur de la Norraye et de Villebourg, secrétaire du roi, greffier criminel au parlement de Paris, et mourut avant 1643. Sa veuve géra la tutelle de leur fils, et mourut en 1660, après avoir légué à l'église de la paroisse un somme de deux mille livres, à charge de services religieux.

Macé Bertrand II de la Bazinière, seigneur de Clichy, baron de Vouvant, de Mervant, etc., trésorier de l'épargne, prévôt et maître des cérémonies des ordres du roi, épousa en 1645

Françoise de Barbezières, fille d'honneur de la reine, dont il eut plusieurs enfants, auxquels il paraît avoir survécu, ainsi qu'à sa femme, morte le 3 janvier 1679.

Il était à la Bastille en 1663, nous ne savons pour quel motif. On lit à son sujet les lignes suivantes dans l'ouvrage intitulé *la Bastille dévoilée:* « Année 1663. Prisonnier, le sieur de la Bazinière, trésorier de l'épargne. On conjecture, sans en avoir la certitude, que ce prisonnier a donné son nom à une des tours de la Bastille. [1] »

Sa sœur, Marie Bertrand, avait épousé Guillaume Bautru, conseiller du roi, chancelier du duc d'Orléans, comte de Sérant, fils de l'académicien Bautru, si fameux par ses sail-

---

[1] Armes ; Ecartelé d'or et d'argent ; au 1er au croissant montant de sable, au 2 et au 3 à deux lions passants de gueules, au 4 à une étoile de sable au chef de gueules et la pointe de l'écu ondée d'azur.

lies tant admirées de Ménage, et qui le seraient moins de notre temps, auquel la seigneurie de Clichy revint ainsi par héritage de sa femme.

Guillaume Bautru ne laissa que deux filles : Marguerite et Marie-Madeleine, mariées, la première à Nicolas Bautru, marquis de Vaubrun, neveu de Guillaume Bautru l'académicien, qui se trouvait ainsi être l'oncle de Marguerite à la mode de Bretagne; et la seconde à Edouard-François Colbert, comte de Maulevrier, seigneur de Vendières, chevalier des ordres du roi et lieutenant-général de ses armeés, frère du ministre Colbert. Marie-Madeleine Bautru mourut le 10 mars 1700.

Le marquis de Vaubrun et le comte de Maulevrier, également remarquables par leur bravoure et par leurs talents militaires, possédèrent temporairement en commun la seigneurie de Clichy.

Le comte de Maulevrier, nommé commandant de Philisbourg en 1661, capitaine aux gardes en 1662, lieutenant de la première compagnie de mousquetaire en 1665, se signala en 1669 au siége de Candie, et à la campagne de Hollande en 1672. Il fut, en récompense de ses bons services, nommé lieutenant général des armées du roi en 1676, et gouverneur de la ville et de la citadelle de Tournay en 1682. Il mourut le 31 mai 1693. Ses deux fils, François-Edouard et Jean-Baptiste, suivirent également la carrière des armes. L'aîné, qui était colonel du régiment de Navarre, fut tué en défendant Namur le 18 juillet 1695.

Nicolas Bautru, lieutenant-général des armées du roi, gouverneur de Philippeville, officier de la plus brillante valeur et d'une grande capacité, commandait sous les ordres de Turenne, en qualité de mestre de camp des carabiniers pendant la campagne d'Alsace, en 1675. Il avait commandé seul pendant les premiers mois de l'année, en l'absence du général en chef, enlevé aux confédérés les places de Dachstein, de Molsheim et de Mutzig, et achevé de nettoyer le Brisgaw, tandis que la garnison de Philisbourg complétait la ruine du Palatinat. Ses discussions avec le comte de Lorges, qui prétendait au commandement suprême de l'armée après la mort du maréchal, pensèrent être funestes à l'armée et à la France ; mais le marquis de Vaubrun ayant été tué au combat d'Altenheim, le 1er août suivant, le comte de Lorges se trouva sans concurrent.

Par suite d'arrangements de famille, Marguerite Bautru, veuve du marquis de Vaubrun, devint seule propriétaire de la seigneurie de Clichy. Elle fit les plus grandes dépenses pour l'embellissement de son manoir, dans lequel elle résida le plus ordinairement. et ne négligea rien de ce qui pouvait être avantageux au village. Une grande partie du château fut reconstruite à neuf, avec des parcs et des jardins d'une grande étendue, dessinés dans le goût de ceux de Versailles. En 1702, le cimetière de la paroisse, situé du côté méridional de l'église, et qui était plutôt une place publique qu'un cimetière, fut transféré du côté opposé, en vertu d'un accord passé avec le curé et les paroissiens, et consenti par le cardinal de Noailles, archevêque de Paris. L'ancien cimetière, planté en ormes, devint une promenade, qui servit en même temps d'ornement au village et au château[1]. Des moulins à pompe foulante, établis

---

[1] Le terrain cédé par la marquise de Vaubrun servit de lieu de sépulture jusqu'en 1806, qu'il fut abandonné, contre le gré des paroissiens, et nonobstant leurs réclamations, pour le cimetière actuel, situé dans un lieu isolé.

sur la Seine, élevèrent les eaux du fleuve, qui jaillirent en cascades dans les parcs et dans les jardins.

En 1705, elle conclut des échanges de terrains avec les abbayes de Saint-Denis et de Montmartre, pour arriver au redressement et à l'élargissement du chemin du Coq, dit aussi de la Grande-Pinte, et la belle rue de Clichy fut ainsi tracée, en même temps que la grande rue de Batignolles, qui en est la prolongation. Elle fit planter l'avenue de Clichy depuis l'entrée du château jusqu'au sommet de la butte de Batignolles. Louis XV compléta lui-même, pour ainsi dire, cet ouvrage en 1745, lorsqu'il fit ouvrir la superbe avenue de Saint-Denis à Neuilly, dans le dessein d'éviter Paris en se rendant de Saint-Denis à Saint-Cloud.

Le jeune sardanapale, qui, jusque là, avait donné les plus douces espérances, et que ses sujets entouraient d'un amour et d'un culte presque idolâtriques, était alors dans la ferveur de sa première passion pour l'infâme marquise de Pompadour. Les Parisiens prirent fait et cause pour la belle et vertueuse Marie Lekzinska ; ils laissèrent éclater leurs plaintes et leur mécontentement. Louis XV, paraissant à l'Opéra, et s'attendant à recevoir les hommages et les acclamations accoutumées, ne recueillit que les marques les moins équivoques de la désapprobation et des murmures peu flatteurs.

Au lieu de profiter de la leçon, le monarque s'irrita, et le peuple devint bientôt indifférent pour celui qu'il avait tant aimé, et qu'il ne devait pas tarder à mépriser, en attendant que la postérité le flétrît.

L'avenue royale coupait en plusieurs points un ancien chemin, nommé chemin de la Révolte dans sa partie la plus voisine de Neuilly, et qui passait à l'extrémité des jardins du château de Clichy. Le chemin des Cailloux, au haut du village, en est un tronçon [1].

Le château, avec ses parcs et ses jardins, occupait tout l'espace compris entre la rue Marthe et la rue de Paris, la rue du Guichet et la rue de l'Abreuvoir ; depuis la rivière jusqu'à l'avenue de Saint-Denis. Mais entre cette avenue et le haut des jardins, marqué antérieurement par la rue des Cailloux, il resta un espace dont on fit une esplanade consacrée aux ébats de la population du village, et qu'on appela le Paradis.

La rue de Paris n'était alors qu'un sentier

---

[1] Cette partie du chemin de Saint-Denis à Saint-Cloud s'appelait de la sorte, parcequ'elle traversait un champ nommé chantier du Tas de Cailloux, ou encore chantier des Cailloux de Charonne. L'appellation de chemin de la Révolte est antérieure à la plantation de l'avenue de Saint-Denis à Neuilly, et ne lui a point été donnée, par conséquent, à l'occasion d'une révolte des ouvriers occupés à la confection de la route, ainsi qu'on se plaît à le dire.

établi près du revers des fossés du jardin seigneurial, et s'appelait chemin de Monceaux; la rue Marthe, bordée d'un côté par l'autre clôture du même jardin, et du côté opposé par une grange de dîmes appartenant à l'abbaye de Saint-Denis et par quelques rares maisons, se nommait chemin de Montmartre, ou rue Montmartre. Le village proprement dit consistait dans la seule rue de l'Eglise, qui n'avait pas plus de longueur que le travers du parc, c'est à dire depuis l'extrémité de la rue de Paris jusqu'au bout de la rue Marthe. Ici commençait la rue Royale, appelée maintenant rue du Landy; de son extrémité, un chemin se dirigeait vers Saint-Denis et se nommait chemin du Landit, à cause de la célèbre foire du même nom qui se tenait à Saint-Denis, et commençait le mercredi le plus proche de la Saint-Barnabé; un second se dirigeait vers Saint-Ouen, et se nommait chemin des Couronnes; un troisième, plus voisin de la rivière, s'appelait chemin du Clos-du-Bout.

A l'autre extrémité de la rue de l'Eglise était le chemin de la Planchette, maintenant rue de Neuilly, l'une des principales du village. Un chemin, nommé chemin de la Procession, servant aux grandes processions, faisait le tour du village, à une certaine distance dans la campagne. Il coupait le jardin seigneurial vis-à-vis la rue du Bois, suivait celle-ci, traversait les jardins, se rejoignait à la rue Jeanne-d'Asnières, et revenait, après avoir presque touché la rivière, joindre le bout de la rue encore nommée maintenant rue de Procession [1].

De somptueuses maisons de campagne s'éle-

---

[1] Ce serait une curieuse histoire que celle de la rue de Procession : En 1780, la fabrique échangea avec le sieur de Piles un demi-arpent de terrain situé sur cette voie, à condition qu'il la laisserait subsister dans une largeur de quatorze pieds. Il la supprima, afin de clore de murs le beau parc qui est

vâient sur différents points du territoire : à la Planchette, aux Thernes, à Courcelles, à Monceaux, et principalement autour du village le long du chemin de la Planchette, de la rue Royale et de la rue des Couronnes. Clichy était alors le lieu de plaisance d'une partie de la population aisée de la capitale. Le duc d'Orléans

maintenant la propriété de M. Marjolin, et offrit une indemnité de 3,000 francs à la commune. Une assemblée de paroissiens, formée d'une imperceptible minorité, accepta l'offre; mais une seconde assemblée plus nombreuse, dirigée par les riverains intéressés au maintien de la voie, protesta énergiquement contre l'usurpation. Le sieur de Piles fut remplacé comme propriétaire par un sieur Bligny, qui soutint non moins énergiquement sa cause devant l'administration supérieure. La révolution française interrompit à peine la contestation, qui fut portée ensuite devant les tribunaux, où elle était pendante en 1806 et 1807. Elle fut reportée de nouveau devant l'administration, et s'agitait en 1811, 1813 et années suivantes. Le fait a enfin, comme toujours, prévalu sur le droit. Nous ne croyons pas qu'il y ait eu jugement définitif. On ferait un gros volume des pièces de la procédure.

avait une maison de campagne à Monceaux. Il fit édifier une chapelle à côté du chœur de l'église paroissiale. Mais son fils, le duc de Chartres, exclusivement attaché à son château, dont il fit un palais élégant, qu'on appela les *Folies de Chartres*, et qu'il accompagna d'un parc admirable et de jardins presque féeriques [1], abandonna la chapelle, et la céda, par acte du 13 février 1761, à une dame Lebas de Courmont, qui la fit reconstruire, et éleva en même temps la petite sacristie qui est de l'autre côté. La famille Boileau avait aux Thernes

---

[1] Delille parle ainsi de Monceaux dans son poème des *Jardins* :

> J'en atteste, ô Monceaux, tes jardins toujours verts;
> Là, des arbres absents les tiges imitées,
> Les magiques berceaux, les grottes enchantées,
> Tout vous charme à la fois. Là, bravant les saisons,
> La rose apprend à naître au milieu des glaçons;
> Et les temps, les climats, vaincus par des prodiges,
> Semblent de la féerie épuiser les prestiges.

une maison de campagne, dans laquelle mourut, le 14 avril 1696, Gilles Boileau, greffier de la grand'chambre du Parlement, père du célèbre Despréaux. Il fut inhumé dans l'église paroissiale. Les comtes de Canillac avaient auprès du village une maison, avec chapelle domestique, bénite le 25 juin 1631 ; la famille Crozat de Tugny, une maison avec chapelle domestique, bénite le 5 juillet suivant. Le président de Crozat fit percer dans son parc un des premiers puits forés qu'on ait vu dans le pays, et obtint des eaux *jaillissantes* à quatre pieds au dessus du niveau de la Seine ; résultat qui fut alors considéré comme merveilleux. La famille de Versoris avait une maison avec chapelle domestique, autorisée le 28 juillet 1623, à la demande de saint Vincent de Paul, alors curé de Clichy. Les comtes de Lannion avaient une maison avec chapelle domestique, bénite le 1er octobre 1743 ; le duc de la

Force, une maison avec chapelle domestique, bénite le 3 avril 1745.

Les familles de Pontchâteau, de Roissy, de Beauchamps, de Varennes, de la Fresnaye, l'abbé d'Alby, l'archevêque de Cambray, et un certain prince Charles, qui n'est pas autrement désigné, possédaient près du village de Clichy de *belles* maisons de campagne, suivant une délibération des paroissiens, datée du 25 novembre 1753, relative au pavage du village, dont il est ici question pour la première fois. Cette pièce contient de curieuses particularités. La maison de M. Beauchamps [1] était louée à un certain marquis de Saint-Rémy, dont la veuve, morte longtemps après,

---

[1] Nous croyons que ce M. de Beauchamps est le même que Pierre-François Godard de Beauchamps, décédé en 1761, auteur des *Recherches sur les Théâtres*, de quelques drames, de plusieurs romans et de diverses traductions.

a donné son nom à une des rues du village [1]. Il y avait au devant de la maison du prince Charles une mare profonde, qui nuisait tellement à la circulation, que les voyageurs et les rouliers ne pouvaient pas toujours la franchir. Alors la route du Landit, par Clichy et par Courcelles, était la seule voie entre Saint-Denis et le pont de Neuilly. M. le curé lui-même, lorsqu'il était obligé de porter les sacrements à des personnes qui demeuraient au-delà, ne pouvait y passer. Tels sont les considérants de la requête présentée au gouvernement à l'occasion du pavage.

Cette mare nous en rappelle une autre plus

Nos ancêtres étaient plus polis et plus libéraux que leurs descendants : ils n'excluaient pas les femmes des délibérations municipales. Plusieurs, entre autres cette marquise de Saint-Rémy, ont donné leur avis sur les affaires du temps. V. aux arch. de l'hôtel-de-ville de Paris une délibération de 1770 relative à la reconstruction du presbytère de Clichy.

fameuse et plus dangereuse encore, car ses eaux fétides causaient la mort aux animaux qui y buvaient, l'asphyxie aux gens qui y tombaient, et infectaient l'air alentour. Elle existait près du village de Monceaux. Quand il fut question de la supprimer en 1777, il surgit de grands débats; la cour et les princes, notamment le duc de Chartres, furent obligés d'intervenir; les habitants de Monceaux demeurèrent sourds à toutes les raisons et à toutes les injonctions. Lorsqu'enfin l'autorité prit le parti de faire ouvrir une tranchée, il y eut une émeute, et l'on vit, comme autrefois à Jérusalem, quand les Juifs, de retour de la captivité, entreprirent de fermer les brèches de leurs murailles, les ouvriers occupés à combler le fossé, la pelle dans une main et la hallebarde dans l'autre.

La population de Clichy, y compris celle de tous les villages de la paroisse, était de huit à neuf cents âmes à la fin du dix-septième siècle.

à en juger par le nombre des naissances, qui varie de trente-cinq à quarante-cinq [1]. Les habitants avaient des mœurs excellentes, si on s'en rapporte aux registres publics, qui ne présentent que de loin en loin, après un espace de plusieurs années, la naissance d'un enfant illégitime.

Depuis la fin du seizième siècle, le chiffre de la population va croissant d'une manière constante. Il se forme un nouveau quartier, dit de la Pologne, peuplé presque entièrement par ceux des militaires d'un régiment de gardes-françaises, caserné à Monceaux, qui se marient avant la fin de leur temps de service. Une fa-

---

[1] Il ne paraît pas qu'il y eût alors d'autre population aux Thernes, à Courcelles et à la Planchette, que celle des gens de service attachés aux maisons de campagne qui y existaient. Il n'y avait pas encore d'habitations au pont d'Asnières. Le village de Champerré ne devait être fondé qu'en 1822, le village Cavé en 1843, et le village Levallois en 1846.

mille Mayeux, qui se révèle pour la première fois en 1662, forme un second village au dessous de celui de Monceaux, le long de la rue du Bac-d'Asnières. Cependant il ne se fait encore aucun commerce dans la paroisse, sauf à la Pologne, où sont établis de nombreux marchands de vin. Les maraîchers ne sont pas arrivés; les blanchisseurs de linge ne paraîtront qu'en 1751. Un acte de baptême du 3 mars de cette année en contient la première mention, et indique déjà trois familles de blanchisseurs : celles des Raffard, des Trouillet et des Chevillard. Mais revenons à Vincent de Paul.

CHAPITRE SIXIÈME.

SAINT VINCENT DE PAUL.

Tous les biographes, les anciens aussi bien que les modernes, se sont trompés sur la durée du temps pendant lequel Vincent de Paul a été curé de Clichy-la-Garenne, en la fixant à une année. Ce qui les a induits en erreur, c'est une lettre dans laquelle il raconte, longtemps après, comment il transféra ses meubles du presbytère de Clichy dans la maison du marquis de Gondi, lorsqu'il eut accepté le préceptorat de ses enfants. Ses paroissiens, dit-il, le suivaient les larmes aux yeux, en voyant cette séparation; mais il ne devait pas cesser pour cela d'être curé, ni de s'occuper de l'administration de sa paroisse. C'était un fardeau de plus qu'il assumait sur ses épaules, et il laissait pour le remplacer, pendant ses jours d'absence, un ecclésiastique vertueux et digne de sa confiance.

La résignation de Nicolas Bourgoing est du 13 octobre 1611; elle fut admise en cour de Rome le 12 novembre suivant. Vincent de Paul prit possession le 2 mai 1612. Il semble que Vincent, qui sentait au fond de son cœur les élans d'une charité universelle, ait hésité à emprisonner son action dans un si petit espace; il est difficile d'expliquer autrement ce long délai. Il entra, par manière d'essai dans la maison de Gondi, comme dit Collet, son historien, en 1613 : On avait fait briller à ses yeux, non seulement le service qu'il rendrait à la société, en élevant dans les principes de la religion de jeunes seigneurs destinés à remplir dans le monde un rôle important, mais encore le bien qu'il pourrait opérer parmi les colons si nombreux des domaines du marquis de Gondi. Les sentiments religieux de ce seigneur, aidés de la piété fervente de sa femme, devaient lui faciliter les moyens de faire de grandes choses. Enfin, à la distance où il se plaçait de son troupeau, il viendrait encore le visiter souvent, célébrer l'office toutes les fois qu'il en serait besoin ; il pourrait, en un mot, s'acquitter des devoirs qui incombent à la charge d'un pasteur [1].

---

[1] Alors les pasteurs du premier et du second ordre se con-

Vincent de Paul était encore curé en 1623, et en remplissait les fonctions, comme le prouve le testament d'un curé de Montmartre, transcrit sur les registres de la paroisse ; voici les termes de ce document important : « Je, soussigne, Claude Gilbert, prêtre, protonotaire apostolique, curé de Saint-Pierre-et-Saint-Denis de Montmartre, fils de feu Etienne Gilbert, natif de Clichy-la-Garenne, âgé de soixante-douze ans, ayant esté baptise le neuf octobre mil six cent vingt-trois, par deffunt M. Vincent, général et premier instituteur supérieur de la compagnie et société des prêtres de la Mission et maison de Saint-Lazare, pour lors curé dudit Clichy. »

Le testateur fait ensuite une longue his-

---

sidéraient comme dispensés de la résidence, autant qu'ils pouvaient se faire remplacer dans leurs fonctions, en se réservant la surveillance et la direction générale des affaires.

toire de sa vie, de laquelle il résulte qu'il avait été ordonné prêtre le jour saint Thomas, apôtre, l'an 1647, qu'il avait rempli pendant trois ans les fonctions de vicaire à Clichy, tant sous la direction de maître Jean Souillard, successeur de saint Vincent de Paul, que sous celle de maître Antoine Galet, docteur de Sorbonne; qu'il avait ensuite abandonné cet emploi, afin de mettre sa conscience en repos à l'égard des membres de sa nombreuse famille, auxquels il était obligé d'administrer les choses saintes, et envers lesquels il craignait de ne pas avoir la liberté convenable, ou de le paraître; qu'il avait ensuite été onze ans vicaire de Montmartre, à commencer de 1651, et puis curé du même lieu par résignation. En souvenir de son baptême, le testateur lègue à l'église de Clichy une croix d'argent doré, remplie de reliques, et qui devait être suspendue au reliquaire de saint Médard; nous allons dire comment des reliques de ce saint étaient échues à l'église de Clichy; le testateur en fait ici une longue histoire, qui est conforme en tout point aux actes du temps.

L'autorité de cette pièce, dont les dates et les faits concordent entre eux et avec l'histoire, ne saurait être contestée ; elle est d'ailleurs corroborée par un autre document, cité par l'abbé Lebeuf, qui prouve que saint Vincent de Paul était encore curé de Clichy deux ans plus tard, c'est à dire en 1625 : ce dernier est une autorisation qui lui est donnée le 14 avril de cette même année par l'archevêque de Paris, de faire des missions dans toute l'étendue du diocèse, avec les prêtres qu'il s'était adjoint à cet effet: *dilecto nostro venerabili viro Vincentio Paul, presbytero, juris licentiato, ecclesiæ parochialis Clichiaci in Garennâ curato....*

Si les premiers biographes de Vincent de Paul avaient connu ces documents, et quelques autres que nous aurons occasion d'indiquer ; si les modernes, au lieu d'analyser le travail de leurs devanciers, étaient allés à la recherche des preuves, ils ne seraient pas tombés dans une pareille erreur.

Ce point une fois mis hors de doute, il ne nous reste plus qu'à aborder la véritable histoire de Vincent de Paul. Nous aurons encore quelques faits à rétablir, mais peu de faits nouveaux à ajouter.

Vincent de Paul, né le 24 avril 1576 à Pouy, diocèse de Dax, au sein d'une famille de cultivateurs, étudia le latin au collége de Dax, et la théologie au séminaire de Toulouse. Il prit les degrés de bachelier et de licencié en droit canon, et fut ordonné prêtre le 23 octobre 1600. Déjà il avait fait preuve de talents si distingués et d'un mérite si supérieur, que les grands vicaires de Dax le promurent, *sede vacante,* à une cure du diocèse, qui lui fut enlevée par un prêtre étranger, pourvu, sans doute, en vertu de ses grades. Le duc d'Epernon pensa alors à le faire élever, comme par dédommagement, à l'épiscopat; mais Vincent de Paul avait trop de modestie pour accepter un pareil honneur.

Une affaire d'intérêt l'ayant conduit peu après à Marseille, il voulut opérer son retour par mer, fut pris par des corsaires barbaresques, et vendu comme esclave. Trois ans plus tard, il revint accompagné de son maître, qu'il avait converti, et avec lequel il s'était enfui; fut emmené à Rome par le vice-légat d'Avignon, et rentra de nouveau en France au bout d'une année, chargé d'une mission secrète pour le roi, de la part du cardinal d'Ossat, ambassadeur près le Saint-Siége. C'était en 1609.

Henri IV, si juste appréciateur des hommes, n'eut pas de peine à reconnaître le mérite du jeune prêtre; il lui offrit l'abbaye de Saint-Léonard-de-Chaulme, que Vincent n'accepta pas; nous ignorons le motif de son refus, mais il accepta le titre d'aumônier de la reine Marguerite de Valois.

Il avait dès lors contracté d'intimes liaisons avec le cardinal de Bérulle et avec la nouvelle congrégation de l'Oratoire; c'était dans la maison des oratoriens qu'il allait prendre ses délassements, après avoir rempli ses fonctions à la cour, et visité les malades des hôpitaux, auxquels il portait des aumônes, des consolations, et donnait lui-même des soins. Il étudiait dans ces repaires de l'indigence et de la douleur les causes des malheurs de l'humanité, afin de pouvoir plus efficacement les soulager un jour. Ses relations avec les personnes de la classe la plus élevée, lui donnaient le moyen d'apprendre en même temps quel langage il faut parler au cœur des riches pour l'attendrir sur les souffrances du pauvre.

Pendant cet intervalle, il logeait dans une hôtellerie, et fut accusé par un compagnon de chambre d'être l'auteur d'un vol important commis à son préjudice. Le véritable auteur devait se faire connaître de lui-même plus tard; en attendant, Vincent ne s'abaissa point à protester de son innocence ou à chercher à l'établir; il méprisa l'accusation.

Il devait toujours accueillir avec un pareil dédain les imputations dirigées contre lui. Ses panégyristes disent que c'était par humilité; nous croyons, nous, que c'était encore plus par grandeur d'âme, et ces deux sentiments ne sont pas exclusifs. D'après les mêmes écrivains, l'humble prêtre aurait quitté vers cette époque son nom, qui lui semblait trop aristocratique, pour se faire appeler simplement Monsieur Vincent. Il est vrai qu'il ne fut guère connu dans le monde autrement que sous le nom de M. Vincent; mais il n'est pas moins vrai qu'il ne conçut jamais la pensée puérile de quitter son nom, car il continua pendant toute sa vie de signer Vincent de Paul, ainsi que de nombreuses lettres de sa main en rendent témoignage. Il ne doit pas y avoir de doute à cet égard, pas plus que sur la véritable orthographe du nom. C'est dommage que les hagiographes croient devoir si souvent embellir la sainteté par des mérites imaginaires. Les saints sont bien mieux et bien plus admirables tels que Dieu et leurs vertus les ont formés, qu'avec l'habit d'emprunt sous lequel on nous les présente parfois. Disons-le hardiment; le monde ne se réconciliera avec la sainteté, qu'en la voyant telle qu'elle est: c'est à dire l'accomplissement de tous les devoirs, l'absence de tous les vices.

et la pratique éminente d'une ou plusieurs vertus.

Promu à la cure de Clichy, Vincent de Paul ne tarda pas à devenir la seconde providence de ses paroissiens et l'oracle de ses confrères ; mais Clichy ne pouvait suffire à son ardeur. C'était pour lui fournir un aliment que le cardinal de Bérulle l'engagea d'entrer en qualité de précepteur dans la maison de Gondi ; position qu'il accepta enfin à la suite de longues réflexions et avec hésitation, car elle ne comblait pas toute l'étendue de ses désirs. Après l'accomplissement de ses devoirs envers ses jeunes élèves, Vincent se livrait à la prédication et à l'administration des sacrements parmi les populations dépendantes des seigneuries de la maison de Gondi. Ces sortes de retraites ou de missions produisaient des fruits abondants. Il revenait ensuite se délasser avec son troupeau. C'est pendant le cours de ces pérégrinations que son vicaire lui écrivait : « Messieurs les curés vos voisins désirent votre retour. Tous les bourgeois et les habitants le désirent pour le moins autant. Venez donc tenir votre troupeau dans le bon chemin où vous l'avez mis, car il a un grand désir de votre présence. » Cette lettre prouverait à elle seule, que Vincent n'avait pas cessé d'être curé, en entrant dans la maison de Gondi.

Il passa trois années de la sorte ; mais se sentant appelé à de plus grandes œuvres, il se demandait comment il romprait ses chaînes, et quel prétexte il emploierait pour s'arracher au respectueux attachement dont il était l'objet. Il en était là, lorsque son ami, le cardinal de Bérulle, lui en offrit les moyens.

La ville de Châtillon-les-Dombes était réduite à l'état les plus déplorable sous le rapport de la religion. L'hérésie de Calvin y avait jeté de profondes racines, à cause du voisinage de Genève; les prédicateurs de cette ville ‚l'y fomentaient de tout leur pouvoir. Les chanoines, comtes de Lyon, desquels la cure dépendait, voyaient avec douleur cet état de choses ; les six prêtres qu'ils entretenaient pour la desserte étaient vieux, peu instruits, encore moins zélés, et par conséquent incapables de remédier au mal. Il s'adressèrent donc au père Bence, supérieur de la maison de l'Oratoire de Lyon, qui référa le choix au cardinal de Bérulle; celui-ci jeta les yeux sur Vincent de Paul.

Vincent, auquel cette tâche plut d'autant mieux qu'elle était plus difficile, était arrivé à Châtillon avant que le marquis et la marquise de Gondi connussent son départ; il le leur apprit, en leur écrivant du lieu même, pour les prévenir de sa détermination, et les prier de lui donner un remplaçant auprès de leurs enfants.

Les chanoines, comtes de Lyon, à la vue de de tout le bien qu'il opéra dès l'abord, et peut-être aussi pour l'attacher en ce lieu, lui conférèrent le titre de curé de Châtillon, par lettres du 1er août 1617. Mais telle n'était pas la pensée de Vincent; il n'entendait y demeurer qu'un temps limité. Il se prodigua sans réserve : calvinistes et catholiques, tous furent égaux à ses yeux; il logeait dans la maison d'un calviniste. Les besoins temporels du troupeau ne lui étaient pas plus indifférents que les besoins spirituels; les pauvres, les malades, les enfants, les hérétiques, les pécheurs, les chrétiens fervents, les grands du monde, tous se trouvèrent forcément en contact avec lui; aucun n'échappa à sa charité, et un petit nombre purent se soustraire à l'influence de son zèle et de sa vertu.

Vincent de Paul jeta à Châtillon-les-Dombes les premiers fondements de cet ordre admirable des Sœurs de Charité, qui devait répandre sur le monde tant de bienfaits, et l'exemple de tant de vertus. Deux dames du rang le plus élevé, et aussi des plus mondaines avant l'arrivée du missionnaire, mesdames de la Chassaigne et de Brunaud, se dévouèrent les premières, et furent longtemps seules. Leur persévérance ne tarda pas à être mise à de rudes épreuves ; car, après le départ de Vincent, la famine et la contagion vinrent en même temps porter la désolation dans le pays. Vincent ne cessa de veiller sur les nouveaux convertis, de leur envoyer des consolations et des secours, et de diriger les efforts de ses deux admirables néophytes, dont le zèle grandit en raison des obstacles.

Vincent de Paul avait quitté Châtillon au bout de cinq mois, laissant son œuvre en voie de prospérité, et croyant avoir rempli sa tâche. Son troupeau de Clichy le rappelait, et il n'entendait pas plus qu'à l'ordinaire emprisonner son zèle dans une seule localité. Le marquis de Gondi fit tous ses efforts pour le déterminer du moins à accepter la surveillance de l'éducation de ses enfants ; il le lui imposa presque, et afin de le retenir désormais attaché à sa personne par des liens qu'il aimât, en fournissant un ample aliment à sa charité et à son zèle, il lui fit ouvrir les portes des prisons, en qualité de général des galères de France, et lui obtint, au mois de février 1619, un brevet d'aumônier. Déjà Vincent, de retour à peine depuis quelques mois, avait repris le cours de ses missions dans les campagnes, et s'était chargé de la direction de l'ordre de la Visitation, que venait de fonder l'évêque de Genève.

Le général des galères ne s'était pas trompé ;

l'entreprise était immense, mais c'est par son immensité même qu'elle plut à Vincent de Paul. Avant leur départ pour les bagnes, les galériens languissaient pendant longtemps dans les cachots des diverses prisons de Paris, abandonnés à tous les excès du vice et de la misère, abhorrés et craints, en proie au désespoir et à une haine violente contre la société. Leur aumônier comprit dès l'abord que l'état des choses apportait le plus grand de tous les obstacles à la régénération morale des détenus, et que le bien matériel qu'il pourrait faire à chacun d'eux en particulier n'aboutirait qu'à des résultats hors de proportion avec les sacrifices. Il obtint donc la permission de les réunir, et il loua à ses frais un local, en attendant que le gouvernement songeât à en construire un plus convenable. Il atteignit promptement son but. Les forçats redevinrent des hommes, quand ils s'aperçurent qu'on les considérait encore comme tels. La résignation prit dans leur âme la place du désespoir; plus d'un accepta son sort comme une expiation de ses crimes, versa des larmes sincères de componction, et se promit à lui-même de ne plus s'écarter des sentiers de la probité. Plus d'un se dit intérieurement, en admirant une religion qui lui était si éloquemment prêchée par la parole et l'exemple : Que ne l'ai-je connue plus tôt?

Après que Vincent eut accompli parmi les forçats de la capitale l'œuvre qu'il avait entreprise, il alla visiter les galères de Marseille. Là encore il y avait immensément à faire, et le but était d'autant plus difficile à atteindre, que les galériens, répartis en un grand nombre de chiourmes, ne pouvaient être réunis. Il changea du moins la discipline, modifia les réglements, obtint la création d'un hospice pour les malades, et retrancha tout ce qui lui semblait arbitraire ou inutile dans les rigueurs exercées envers les condamnés. Il donna une mission sur les galères; afin de consacrer par le sceau de la religion le bien qu'il avait fait, et de le rendre plus durable.

C'est dans cette circonstance que Vincent de Paul échangea, dit-on, sa liberté contre celle d'une forçat, et se mit lui-même les fers aux pieds, avec l'assentiment du capitaine garde-chiourme, afin de rendre à sa famille un malheureux contrebandier, inconsolable de sa détention. L'on ajoute qu'ayant porté les fers pendant plusieurs semaines, il lui resta aux jambes une enflure qui ne guérit jamais, et qui devait aboutir à la mort.

Ce fait, rejeté au nombre des fables par les meilleurs auteurs, nous semble apocryphe : Vincent de Paul avait de bien plus grandes et de meilleures œuvres à opérer, parmi tant de centaines de galériens, que de prendre indéfiniment la place de l'un d'eux, pour le délivrer subrepticement, en abandonnant tous les autres. Il avait des moyens plus légitimes de faire rendre justice à l'innocence, ou de provoquer l'indulgence en faveur d'une faute expiée par le repentir. On convient d'ailleurs que ce récit n'est appuyé que d'un seul témoignage, et qu'il n'obtenait pas de créance du vivant même de celui qui devait en être le héros.

En revenant de cette mission, Vincent de Paul se vit accueilli dans la ville de Macon d'un si grand nombre de mendiants, que son cœur en fut profondément ému. Il s'inspira de son émotion, et lui demanda le remède à une plaie si touchante; disposé à vaincre toutes les résistances, à surmonter tous les obstacles, à faire disparaître toutes les impossibilités. Il séjourna trois semaines à Macon, où il ne devait pas même s'arrêter en passant. Il y organisa la bienfaisance publique, y institua deux congrégations laïques, l'une d'hommes, l'autre de femmes, sous l'invocation de saint Charles Borromée, les chargea de recueillir des secours et de les distribuer ; mais de les distribuer avec intelligence et au profit de la morale, de manière à faire naître dans la classe indigente les idées d'ordre, d'économie, de sobriété, l'amour du travail. Cette institution obtint de si heureux résultats, elle fut trouvée si belle, que plusieurs assemblées successives du clergé de France s'empressèrent de la recommander, et qu'elle fut adoptée aussitôt dans plusieurs diocèses.

Cependant ce n'était encore qu'un premier pas, un essai, pour ainsi dire. Vincent de Paul devait, quelques années plus tard, faire produire à cette idée féconde des fruits plus abondants, lorsqu'il entreprendrait d'éteindre la mendicité dans Paris même, qui comptait quarante mille mendiants.

Au seul exposé de ce dernier dessein, chacun se récria : Quoi de plus impossible pour une seule ville, que de fournir des aliments, des vêtements, des médicaments, un asile à quarante mille indigents! et ce bienfait n'allait-il pas attirer vers la capitale tous les mendiants du reste de la France ? L'entreprise ne serait-elle pas devenue impossible, avant même d'être tentée ?

Vincent de Paul prévoyait le contraire. Ses calculs étaient bien établis. Il savait quel nombre de mendiants quitteraient Paris, loin que les autres s'empressassent d'y venir, lorsque ses mesures seraient mises à exécution. La Salpêtrière fut fondée, et y on recueillit tous les indigents invalides, en prenant soin de les occuper suivant leur aptitude et leur genre d'industrie; des secours furent distribués à domicile aux indigents valides, beaucoup plus en raison de leur bonne conduite que de leurs besoins apparents. Les mendiants disparurent, et si quelques pauvres, parmi ceux qui restèrent, ne furent pas secourus selon la mesure de leur indigence, ils ne durent s'en prendre qu'à eux-mêmes.

De retour au sein de son troupeau, Vincent prit à peine quelque repos ; l'audition des confessions, la visite des forçats de la capitale, la direction des Visitandines, le travail de missions et de retraites réclamées de tous côtés, la surveillance de tant d'œuvres de bienfaisance organisées par lui-même ou avec son concours ; les soins à donner aux serfs de la maison de Gondi, qu'il n'avait cessé de mettre sur la même ligne que ses paroissiens, la visite des hospices de Paris, les catéchismes de sa paroisse ; car, à l'exemple du Sauveur, il aimait à assembler autour de lui les petits enfants, à les bénir, à les instruire : toutes ces occupations ne lui laissaient pas un jour, pas un instant libre ;

mais par son zèle, sa charité, son ardeur, il suffisait à tout.

Cependant ces soins assidus, cette tension continuelle de toutes ses facultés, avait influé d'une manière fâcheuse sur son caractère naturellement doux et affable. Ses manières étaient devenues sèches, sa parole brève, son regard austère. On le lui dit; il alla se prosterner au pied de l'autel, et demander à Dieu cette mansuétude dont il ne devait plus s'écarter désormais.

Vincent ne tarda pas à s'arracher de nouveau à ses paroissiens, pour aller donner une mission aux forçats des galères de Bordeaux. Il agit là comme il avait fait à Marseille, et profita ensuite du voisinage du pays qui l'avait vu naître pour rendre une visite à sa famille, qui désirait ce moment avec impatience, dans l'espoir que Vincent allait la combler de richesses. Le pieux missionnaire était toujours assez riche pour verser d'abondantes aumônes dans le sein des pauvres, mais il était trop pauvre lui-même pour enrichir sa famille. Après avoir obéi aux élans de son cœur, il songea à laisser un monument de son passage, en faisant ériger de nouveau une statue de la mère de Dieu, jadis en grande vénération parmi le peuple, alors soustraite aux insultes des calvinistes et oubliée; il construisit un petit oratoire pour la recevoir, et planta à l'entour quelques chênes, que les pélerins vénèrent encore avec un profond respect.

Vincent recevait d'un grand nombre de diocèses des demandes pressantes, relativement à de nouvelles missions. Il se rendait sur les lieux, rassemblait quelques ecclésiastiques de bonne volonté, et commençait aussitôt les exercices. Il avait compris depuis longtemps les vices de cette méthode, sans pouvoir encore y remédier; mais enfin, ne pouvant plus suffire à tant d'ouvrage, il résolut, après son retour de Bordeaux, de s'associer à demeure des collègues capables de le seconder, ou même de le remplacer au besoin, appliquant à cet usage un fonds de six mille livres établi par la marquise de Gondi pour un pareil objet, et qui restait depuis plusieurs années sans emploi, faute d'ouvriers; le marquis et la marquise de Gondi l'augmentèrent bientôt d'une manière considérable. Le premier compagnon de Vincent dans l'œuvre des missions, Antoine Portail, fut encore son premier associé; quelques autres prêtres, remplis du zèle du salut des âmes, s'adjoignirent à eux presque aussitôt. Vincent obtint pour loger sa petite troupe d'ouvriers évangéliques le collége des Bons-Enfants, alors sans destination, et dont les bâtiments tombaient en ruine.

Une nouvelle œuvre fut ainsi fondée; l'archevêque de Paris l'autorisa en 1626; le roi, l'année suivante, et enfin le Souverain-Pontife en 1632.

Cette œuvre enleva définitivement Vincent de Paul à sa paroisse. Nous ne pouvons assigner l'instant précis auquel il donna sa démission. Il était encore curé le 14 avril 1625, comme le porte la permission qui lui fut délivrée en ce jour par l'archevêque, de faire des missions avec ses collègues dans tout le diocèse de Paris ; le 17 du même mois, sur l'acte relatif à la cession du collége des Bons-Enfants, il ne prend plus que le titre de prêtre du diocèse de Dax. Il se retira avec les siens dans sa nouvelle maison au mois de juillet suivant, après la mort de la marquise de Gondi, arrivée le 23 juin.

De ce moment, l'histoire de Vincent de Paul ne nous appartient plus. Tous les témoignages contemporains sont d'accord sur l'état florissant de sa paroisse, sous le rapport des bonnes mœurs et de la ferveur. Il laissait, pour y perpétuer son esprit de charité, une association pieuse, fondée en vue de l'édification mutuelle et des bonnes œuvres. Cette association, réunie par le fondateur à une confrérie du Rosaire, précédemment existante, avait été autorisée par ordonnance archiépiscopale du 27 septembre 1623.

Avant de quitter Clichy, Vincent de Paul avait entrepris de reconstruire l'église; mais cette œuvre demeura inachevée, quoiqu'en aient dit ses biographes. Ils prétendent, en vertu de la même erreur, qu'il s'était imposé à lui seul toute la dépense; or voici ce qu'on lit à ce sujet sur les registres de la paroisse : « Bastiment de l'Eglise acheué. Aujourd'huy jeudi sainct de l'année 1630 a esté baptisée Catherine Barbier.... Celle-ci est la première qui a esté tenue et baptisée sur les fonts nouueaux faicts en l'église de Clichy, l'église estant paracheuée en mesme jour ou du moins ceste semaine. » Un acte du 23 mars 1629, par lequel l'archevêque, Jean-François de Gondi, autorise la fabrique à vendre huit arpents de terrain, pour arriver à l'*achèvément* de l'édifice, vient prouver ensuite que Vincent de Paul n'avait point pourvu aux frais de construction. Cependant on ne saurait révoquer en doute sa participation à l'entreprise [1], car une tradition constante lui en attribue le commencement [2].

---

[1] Cet édifice fut orné de vitraux peints, qui étaient, dit-on, d'une grande richesse; mais un orage mêlé de grêle y causa des dégâts le 11 juillet 1823, et, ni la fabrique ni la paroisse ne voulant faire la dépense d'une restauration, l'on se décida à enlever ce qui restait, afin de remplacer le tout par des verres blancs, *qui donneraient plus de jour dans l'église.* (Délibération du 4 janvier 1824.)

[2] En comparant les termes du registre de la paroisse avec ceux de la permission de l'archevêque, il en résulte que la partie de l'édifice élevée par Vincent de Paul est le chœur de

Si on demandait comment les historiens de saint Vincent de Paul ont ignoré des circonstantes si importantes de sa vie, la réponse serait facile : Abély, le premier de tous, a écrit sept ans après la mort de son héros, et n'a consulté que les notes incomplètes de la maison de Saint-Lazare, où il s'était retiré, et les souvenirs des prêtres de la mission, dont aucun n'avait été témoin de la jeunesse de Vincent. Collet a écrit plus tard encore, et n'est pas mieux remonté aux sources. Ceux qui sont venus après se sont contentés d'abréger le récit de leurs prédécesseurs, sans s'enquérir de la vérité des allégations.

De sorte que l'histoire réelle de Vincent de

l'église ; en effet, s'il avait fallu construire des fonts *nouveaux*, c'est sans doute parceque ces fonts étaient placés dans la partie qui venait d'être *achevée* nouvellement ; or, les fonts baptismaux ont partout et toujours été placés dans la partie inférieure, dans un lieu voisin de la porte principale.

Paul est encore à faire. Il n'est pas non plus suffisamment vengé des sarcasmes et des injures des jansénistes.

Comme il repoussait leurs doctrines avec dédain, et comme il tint leurs candidats constamment éloignés des emplois pendant les dix années qu'il présida le Conseil de conscience de la régente ; ils l'accusèrent de ne pas se connaître en hommes et de ne rien entendre aux affaires : « Monsieur Vincent, disaient-ils, était un homme plein de bonté de cœur, mais à courtes vues, et d'un petit esprit.

Ce n'est pas ainsi qu'en ont parlé les plus grands écrivains et tous ceux qui l'ont jugé sans passion ; ce n'est pas ainsi qu'en a parlé l'immortel Bossuet, son élève et son admirateur : « Combien de fois, écrivait-il au pape Clément XI, à l'occasion de la canonisation de Vincent de Paul, combien de fois et avec quelle édification nous n'avons pas contemplé à loisir les vertus de cet homme apostolique, son admirable charité, la gravité de ses mœurs, sa prudence extraordinaire jointe à la plus parfaite simplicité, son application aux affaires ecclésiastiques, son zèle pour le salut des âmes, la constance et le courage invincibles avec lesquels il s'opposait aux abus et au relâchement [1].... »

Il y a, sans doute, dans les biographies de Vincent de Paul un aliment abondant pour la piété ; mais qui donc, après que le saint est si bien connu, nous représentera le héros de la bienfaisance, l'homme éminent et sage, le génie vaste et puissant qui, le premier, dans les sociétés modernes, sut organiser la charité, en devançant son époque de plus d'un siècle et demi, obtenir des résultats que nos écono-

---

[1] V. de Bausset, *Hist. de Bossuet*, t. I, p. 66.

mistes cherchent encore; créer, pour recevoir l'enfance abandonnée, des asiles que les richesses de notre budget, quinze cents fois millionnaire, peuvent à peine soutenir; propager par l'univers les deux instituts des Lazaristes et des Sœurs de charité, que les révolutions laissent debout, que l'impiété respecte, et que les malheureux bénissent; le prêtre qui était également à sa place dans le conseil des rois, au chevet des malades, à côté des galériens, à la tête d'une mission évangélique, dans le cercle des grands du monde et parmi des villageois; le citoyen qui, né pauvre, vivant et mourant pauvre, sut trouver des millions à dépenser en bonnes œuvres, et d'autres millions à envoyer à des provinces ruinées par l'inclémence du ciel, ou par les malheurs de la guerre?

Car il nous resterait à retracer les plus belles pages de la vie de Vincent de Paul; nous aurions à raconter en outre la fondation des retraites ecclésiastiques et des conférences de Saint-Lazare, la création des grands séminaires en France, la réforme de l'Hôtel-Dieu de Paris, l'établissement des hôpitaux de Sainte-Reine et du Saint-Nom-de-Jésus, de la maison de la Pénitence; les secours distribués pendant plusieurs années aux réfugiés politiques, sans distinction de croyance; la réforme de Grammont, de Prémontré, de l'abbaye de Sainte-Geneviève, et tant d'autres œuvres dont il fut le premier auteur, ou auxquelles il prit une part active.

Vincent de Paul mourut le 27 septembre 1660; il fut béatifié le 13 août 1723 par le pape Benoît XIII, et canonisé le 7 juin 1737 par Clément XII. La vénération des peuples pour la mémoire de l'homme de Dieu avait précédé le jugement du souverain pontife, et l'avait rendu nécessaire. Le décret de béatification autorisait l'église de Paris, et spécialement celles de Pouy, de Châtillon, de Clichy-la-Garenne, à rendre un culte public au saint confesseur de la foi même avant sa canonisation.

Ses dépouilles mortelles reposèrent dans l'église de Saint-Lazare jusqu'en 1792. Enlevées alors et cachées pendant plusieurs années, elles furent rendues ensuite, puis transférées en 1830, par l'archevêque et le clergé de Paris, dans la nouvelle maison des Lazaristes, et enfermées dans une châsse d'argent du plus grand prix.

L'archevêque remit à l'abbé Heuqueville, curé de Clichy, un fragment de l'os du bras droit du saint corps, et vint faire lui-même la translation le dimanche suivant dans l'église paroissiale. Cette relique, soustraite aux profanations par le même pasteur, quand il fut obligé de prendre la fuite en 1831, fut replacée avec solennité par le prélat le 20 juillet 1834.

Outre ce précieux souvenir, et une tradition ineffaçable gravée dans la mémoire du peuple, il reste de Vincent de Paul un crucifix, devant lequel il a souvent prié [1] ; un arbre, qu'il a planté lui-même [2], à ce que l'on croit, dans le jardin du presbytère, et l'église qu'il a construite en partie. Beaucoup de familles encore existantes, telles que les familles Compoint, Adam, Lambert, Lefébure, Charles, Cornille, Dumur, Soret, Desgrais, Leroy, Dubois, Chevallier, ont été bénites de sa main dans la personne de leurs auteurs, ainsi que plusieurs autres dont les noms se lisent sur les actes de l'époque, à côté de ceux de quelques-unes qui se sont éteintes.

---

[1] Ce crucifix est exposé dans l'église, en face de la chaire.

[2] Un arbre de Judée ; nécessairement l'un des premiers qui aient été apportés en France. Peut-être le pieux Vincent y attachait-il une valeur religieuse, à cause des souvenirs que ce pays rappelle.

CHAPITRE SEPTIÈME.

SUITE DE L'HISTOIRE LOCALE JUSQU'A LA RÉVOLUTION FRANÇAISE.

A Vincent de Paul succéda Jean Souillard, qui était lui-même remplacé en 1651 par Antoine Galet, docteur de Sorbonne. Ce dernier enrichit en cette année son église d'une relique de saint Médard, offerte par le seigneur de Monceaux, lequel l'avait obtenue l'année précédente d'une des églises de Dijon, à l'occasion d'un voyage de la cour en cette ville. La translation solennelle eut lieu le dimanche de l'octave de la fête patronale.

Antoine Galet mourut le 1ᵉʳ septembre 1679, et fut remplacé par son neveu, Daniel Galet, qui ne survécut que deux mois à son oncle. Le successeur de celui-ci, Pierre Charton, licencié en Sorbonne, prit possession le 12 décembre.

Après avoir été seize ans curé, Pierre Charton résigna la cure en faveur d'un abbé Davolé, qui ne fut point pourvu, la réserve d'une pension pour son prédécesseur n'ayant point été admise en cour de Rome. Jean-Nicolas Masson, promu par le chapitre de Saint-Benoît, prit possession en 1695, et administra la paroisse jusqu'à sa mort, arrivée le 18 avril 1727, à l'âge de soixante-quatre ans.

Il était remplacé le 31 mai suivant par Simon Soubret, natif de Paris, docteur de Sorbonne.

Simon Soubret était digne, à bien des titres, de succéder à Vincent de Paul. Il se montra, comme lui, rempli de piété et de zèle pour le salut des âmes. Il procura à ses paroissiens des retraites, des carêmes et des avents par les prédicateurs les plus en vogue, tels que les pères d'Artigny et Collet, jacobins ; de la Coste, Desfontaines et Barbet, franciscains ; Dorat et Huet, de Saint-Victor ; Boursault, théatin. Il fit ériger dans son église les fêtes de saint Ansbert et de saint Sigebert, à cause des rapports que ces deux saints avaient entretenus avec la paroisse pendant leur vie ; il fit transférer au dimanche suivant la fête de la Transfiguration, afin qu'elle fût célébrée avec plus de solennité.

Simon Soubret se livra à des recherches sur

les antiquités de la paroisse, et déposa sur les registres quelques notes qui ne sont pas dénuées d'intérêt.

L'une d'elles, relative à un événement contemporain, nous apprend, sans en révéler le motif, que les curés de Paris n'allèrent point jeter l'eau bénite au cardinal de Noailles, après son décès; que le cardinal de Bissy, abbé commendataire de Saint-Germain-des-Prés, éleva un conflit de juridiction contre les grands vicaires capitulaires, et que ce conflit dura jusqu'à la prise de possession du nouvel archevêque, Charles-Gaspard du Luc de Vintimille. Voici le nœud de la difficulté : L'abbé de Saint-Germain, après avoir longtemps exercé une juridiction quasi-épiscopale sur le faubourg, y avait renoncé, à condition d'être grand vicaire né de l'archevêque; or il n'avait pas été compris parmi les vicaires capitulaires. Le chapitre répondait qu'il n'y avait aucune réserve contre ses droits dans l'acte d'arrangement, et que, par conséquent, l'abbé de Saint-Germain ne pouvait élever de prétentions pour le temps de la vacance du siége. Il fut ainsi lancé quatre mandements en sens opposé.

Simon Soubret mourut le 21 février 1761, à l'âge de soixante-seize ans ; sa mort occasiona une contestation d'un autre genre, relativement à la cure de Clichy, parceque deux vicaires de cette paroisse y furent promus en même temps ; l'un, Jean-Pierre Josset, licencié en théologie, par le chapitre de Saint-Benoît en corps ; l'autre, Louis-Michel Charles, par l'abbé Delangle, chanoine *tournaire* du chapitre, c'est à dire auquel le droit de nommer à son tour était dévolu. C'est ce dernier qui l'emporta, après une procédure de deux années devant le parlement ; pendant l'intervalle, Jean-Pierre Josset exerça les fonctions curiales comme le premier pourvu.

Le bénéfice qui donnait lieu à ces contestations n'était cependant pas d'un gros revenu : le curé n'avait que les menues dîmes et une pension faite par les collégiales de Saint-Benoît, de Saint-Denis, de Saint-Germain et de Saint-Honoré, propriétaires des grosses dîmes.

Il n'en était pas de même de l'église, à laquelle Vincent de Paul avait porté bonheur. Elle ne possédait en 1610, suivant des déclarations de fabrique des 29 avril et 12 mars, que six arpents et trois quartiers de terre, affermés 16 livres 8 sous 6 deniers, 50 livres de rentes sur l'hôtel-de-ville de Paris, à charge de services religieux, et 16 livres d'autres rentes, grévées de legs *pitoyables*. Mais après la mort de Vincent de Paul les dons et legs arrivèrent de tant de côtés à la fois, qu'elle devint riche en peu de temps, ainsi qu'on en verra la preuve par la nomenclature des propriétés dont elle fut dépouillée à la révolution.

Dans cet intervalle, la seigneurie avait changé de propriétaires. La marquise de Vaubrun, Marguerite-Thérèse de Bautru, mourut le dernier jour de mars 1726, laissant deux enfants, Diane-Madeleine de Vaubrun, duchesse d'Estrées, et Nicolas Guillaume de Bautru de Vaubrun, prêtre, docteur de Sorbonne, conseiller du roi, lecteur ordinaire de la chambre de Sa Majesté, abbé commendataire de Cormery, comte de Sérant, qui vendit, par acte du 15 mars 1728, à Louis-Antoine Rouillé de Roissy, chevalier, conseiller honoraire du roi en sa cour de parlement, pour une somme de 3,500 livres comptant, plus 6,000 livres en rente viagère, au capital de 60,000 livres, la nue propriété des château, terre et seigneurie de Clichy, relevante et remontante en plein fief, foi et hommage de la terre et baronnie de Montjay, qui appartenait à Mlle de Gesvres, consistant en haute, moyenne et basse justice, censive, droits seigneuriaux et féodaux, cens, rentes, greffe, tabellionnage, amendes, redevances, droits de voirie, château, parc, jardins, fermes, bâtiments, terres labourables, prairies et le fief-ferme de Courcelles [1].

Louis-Antoine Rouillé, fils de Louis-Rollin Rouillé et de Marie-Angélique d'Acquin, épousa le 6 août 1731 Angélique Pouletier, fille de Pierre Pouletier, maître de requêtes et intendant des ville et généralité de Lyon.

Il revendit le 2 mai 1740 le château et la

---

[1] La seigneurie de Montjay appartenait à Archambault de Bourbon en 1225 ; à Eudes de Bourgogne en 1235 ; à Jean de France, l'un des fils de saint Louis, en 1260 ; à Robert de Béthune, comte de Flandre, en 1271 ; à Frédéric de Saluces en 1370 ; à Amaury d'Orgemont en 1380. Elle fut unie au comté de Dammartin et donnée à Antoine de Chabannes en 1465, par Louis XI. Guillaume de Montmeury la possédait en 1478 ; François d'Angennes de Rambouillet en 1573 ; la famille de Gesvres en 1610, et jusqu'à nos jours.

seigneurie de Clichy, plus une maison de campagne avec chapelle domestique, située au même lieu, pour le prix de 240,000 livres, au fermier général Gaspard Grimod de la Reynière, lequel acheta en même temps la survivance de l'abbé de Vaubrun, et se libéra au moyen d'argent emprunté à 3 pour cent[1].

La famille Grimod avait commencé sa fortune dans la ferme des postes et relais de France. Antoine Grimod, secrétaire du roi, fermier général, épousa Marguerite Lejuge, dont il eut Gaspard Grimod, également fermier général, écuyer, seigneur de la Reynière, Clichy et autres lieux. Celui-ci mourut en 1754, laissant de sa seconde femme, nommée Madeleine Mazade, Laurent Grimod de la Reynière, fermier général, marié en 1753

---

[1] V. les contrats aux Arch. Nat. carton de Clichy-la-Garenne.

à Françoise Elisabeth de Jarente, et deux filles, dont une, Françoise-Thérèse Grimod de la Reynière, avait épousé en 1751 Chrétien-Guillaume de Lamoignon de Malesherbes, premier président de la cour des Aides[1].

Le fermier général Laurent Grimod de la Reynière acheva de s'enrichir, mais de la manière la plus scandaleuse, dans les fournitures de viandes salées faites à l'armée du prince de Soubise, pendant la déplorable guerre de sept ans.

Tandis que le duc de Richelieu, protégé de la marquise de Pompadour, faisait bâtir le superbe hôtel qui a conservé le nom de Pavillon de Hanôvre, des énormes pillages com-

---

[1] L'article consacré à Grimod de la Reynière dans le *Supplément à la Biographie universelle* commet de nombreuses erreurs relativement à la famille Grimod. V. le *Dict. de la Noblesse* de La Chesnaye des Bois, et les actes publics de la paroisse de Clichy.

mis dans cette même guerre, Grimod de la Reynière élevait du produit de ses vols, à l'angle des Champs-Elysées et de la place Louis XV, l'hôtel qui porte encore son nom, et qui est occupé par l'ambassade de Russie.

Il le rendit fameux par ses festins de Lucullus, qu'il égayait d'une multitude de bons mots, souvent de mauvais aloi, et d'une multitude de saillies plus ordinairement originales que piquantes. « On le mange, disaient ses convives, mais on ne le digère pas. »

Madame de la Reynière, enorgueillie de ses immenses richesses, affectait les plus grands airs, ce qui s'accordait assez mal avec les manières vulgaires de son mari, et ce qui ne déguisait nullement l'irrégularité de sa conduite. Quoique pourvue d'infiniment d'esprit, elle semblait ne pas s'apercevoir des ridicules que sa galanterie déversait sur elle-même et sur sa famille.

Leur fils, Alexandre-Balthasar-Laurent Grimod de la Reynière, assemblage bizarre de l'esprit de la mère et de l'originalité du père, leur fit expier en maintes occasions, d'une manière cruelle, à l'une ses airs superbes, à l'autre sa fortune scandaleuse.

Né avec une difformité aux mains, il était obligé de recourir à des doigts artificiels; mais il s'en servait avec une merveilleuse adresse. Il écrivait, dessinait, découpait avec un talent remarquable.

Il aimait à s'abaisser excessivement devant les visiteurs, surtout en présence de sa mère. Reçu avocat, et après d'assez brillants débuts, il s'obstina à ne pas entrer dans la magistrature, nonobstant la protection puissante que son oncle lui offrait : je ne veux pas, disait-il, être magistrat, car je serais peut-être obligé d'envoyer quelqu'un de mes parents aux galères, tandis qu'en restant avocat, je pourrai du moins plaider leur cause. Il avait orné son appartement de tous les attributs de la charcuterie : c'étaient des viandes de porc, sous toutes les formes, qui garnissaient les toiles et les boiseries.

Un jour, ayant demandé à ses parents la possession de l'hôtel, pour un dîner d'amis, dont il avait dressé une liste fictive, il invita par lettres ayant la forme et le style de billets d'enterrement, une macédoine de gens de toutes les conditions, qui trouvèrent la maison gardée par des suisses d'église, attendirent une demi-heure dans une salle tendue de noir, et passèrent enfin dans la pièce où la table était mise, s'assirent chacun devant un cercueil, furent encensés pendant le festin par des enfants de chœur en rochet, et régalés de vingt services, composés en majeure partie de viandes de porc. Le repas se prolongea fort avant dans la matinée du lendemain. La Reynière et sa femme ne s'attendaient guère, en rentrant à minuit, de trouver une pareille mascarade ; ils en furent profondément humiliés. Madame de la Reynière, qui était fort grande et fort maigre, s'étant présentée le lendemain vers les sept heures dans la salle du festin, en s'appuyant sur la main du bailly de Breteuil, dont l'assiduité la déshonorait, son fils lui jeta à la face, en présence de son auditoire aviné, ce vers de Delile :

<blockquote>Et ces deux grands débris se consolaient entre eux.</blockquote>

Une autre fois, il s'enferma dans son appartement, en annonçant à son père qu'il n'en sortirait que moyennant la remise d'une somme de cent mille francs, nécessaire pour payer ses créanciers, qu'autrement il allait faire sauter le château avec cent livres de poudre. La Reynière, qui savait son fils capable d'exécuter un pareil projet, négocia, et finit par donner les cent mille francs, contre la remise des cent livres de poudre ; c'était de la poudre à poudrer [1].

Nous sommes entré dans ces détails, relativement aux derniers membres de la famille Grimod, uniquement à cause de la singularité des personnages, car ils n'appartiennent plus que de loin à l'histoire de Clichy, c'est à dire par leur origine.

Lors du partage de la succession de Gaspard Grimod de la Reynière, le 4 mai 1755, les hé-

---

[1] Alexandre-Balthazar-Laurent Grimod de la Reynière, né le 20 novembre 1758, est mort à Villiers-sur-Orge en 1838, après avoir inondé le public d'une multitude d'écrits de différents genres, particulièrement de critique littéraire, de mœurs, d'art dramatique et d'art culinaire. On y trouve de piquantes originalités, des satires justes et fines, presque toujours de l'esprit. Sa réputation donnait de la vogue à ses œuvres, qui elles-mêmes augmentaient de plus en plus sa réputation. La Reynière, au moment de sa mort, était réduit à un état voisin de l'indigence.

ritiers firent abandon de la terre et seigneurie de Clichy-la-Garenne à Marie-Madeleine Mazade, en compensation des réclamations qu'elle pouvait élever contre la succession; et, de ce moment, la seigneurie devait rester en quenouille jusqu'à la fin. Gaspard Grimod était moins riche qu'il ne le paraissait, car il s'était trouvé dans la nécessité de revendre à un pharmacien de Paris, nommé Juvet, la terre et le château de Monceaux, en se réservant seulement la seigneurie.

Marie-Madeleine Mazade, née le 28 mai 1716, fille de Laurent Mazade, fermier général, et de Thérèse Desqueulx, épousa en secondes noces, le 2 mars 1756, Charles de Masso, marquis de la Ferrière.

Charles de Masso, ancien lieutenant des gardes du corps, compagnie de Villeroy, créé lieutenant général des armées du roi le 17 décembre 1759, était fils de Pierre de Masso, sénéchal de Lyon, commandant des provinces du Lyonnais, Forez et Beaujolais, premier capitaine du régiment de cavalerie de Villeroy. Il mourut à Paris le 23 mars 1773, dans la cinquante-septième de son âge.

La marquise de la Ferrière, morte peu auparavant, avait légué, par testament du 27 février 1773, les terre et seigneurie de Clichy-la-Garenne à sa fille Louise-Madeleine Grimod de la Reynière, en les comptant dans l'état de ses biens pour une somme de 400,000 livres.

Louise-Madeleine Grimod, née le 11 novembre 1744, avait épousé, le 1er décembre 1762, Marc-Antoine de Lévis, baron de Lugny.

Marc-Antoine de Lévis, né le 7 février 1739, était fils de Marc-Antoine, marquis de Lévis, baron de Lugny, et de Françoise de Gélas de Léberon, dame d'Upic. Il fut nommé colonel du régiment de Picardie le 5 juin 1763, et député aux États-généraux par le bailliage de Dijon en 1789. Fermement attaché à l'ancienne forme de gouvernement, ainsi que la plupart des membres de la noblesse, il se prêta à toutes les tentatives contre-révolutionnaires si légèrement conçues, et si malheureusement conduites par les amis de la royauté, fut dénoncé avec neuf autres personnes au tribunal révolutionnaire, et condamné à la peine de mort le 5 floréal an II, comme atteint et convaincu de complots et conspirations contre la sûreté de l'Etat et la souveraineté du peuple français, d'intelligences avec les ennemis intérieurs et extérieurs de la République, de manœuvres pratiquées pour soustraire des conspirateurs au glaive de la loi, opprimer le peuple, assassiner les patriotes, avilir et dissoudre la représentation nationale, et rétablir le despotisme [1].

[1] V. *Moniteur universel*, an II, n° 230.

— 239 —

Marc-Antoine de Lévis évita l'exécution de ce jugement, en rejoignant l'émigration [1].

Louise-Madeleine Grimod étant morte le 11 janvier 1776, sa fille, Antoinette-Madeleine de Lévis, née le 14 juillet 1765, devint héritière de la seigneurie de Clichy-la-Garenne, en vertu d'un article du testament fait en faveur de sa mère, portant que les filles nées et à naître de son mariage seraient substituées en son lieu et place.

Antoinette-Madeleine de Lévis épousa Gui-Henri-Joseph-Thérèse de Lévis, baron de Gandièz, maréchal de la Foi, mestre de camp en second du régiment du Maine, infanterie, né le 6 septembre 1752, fils de Joseph-Chrysante de Lévis, marquis de Gandièz, maréchal de la Foi, capitaine des galères, commandant la

---

[1] Il fut déclaré en état d'émigration par arrêt du 27 septembre 1792.

compagnie de l'étendard, et de Louise-Victoire de Lévis-Léran. Le titre de maréchal de la Foi était héréditaire dans la personne du chef de cette branche de la maison de Lévis, qui est la principale, depuis Gui de Lévis, Iᵉʳ du nom, qui commanda un détachement de l'armée des croisés dans la guerre des Albigeois, sous les ordres de Simon de Montfort.

Le baron de Gandièz profita des premiers de la législation révolutionnaire pour faire rompre son union avec Antoinette-Madeleine de Lévis. Celle-ci se retira à son château de la Planchette, où elle devint bientôt suspecte, et se vit traitée comme telle, nonobstant un certificat de civisme délivré par la municipalité de Clichy le 1ᵉʳ germinal an II. Gardée à vue dans sa maison, dont tous les meubles furent mis sous le scellé, elle ne put obtenir la permission de conserver un domestique et un cheval de selle, qu'au moyen d'un cautionnement de douze cents francs, dont elle réclama promptement la remise, afin de se procurer le pain nécessaire à la vie. La surveillance s'étant changée en une accusation formelle, elle fut assez heureuse pour éviter l'arrestation. Condamnée à mort par contumace, sa maison de la Planchette fut vendue aux enchères comme propriété nationale. C'était une brèche considérable faite à une fortune déjà tellement obérée, que depuis quelque temps les propriétaires cédaient volontiers le château principal à qui voulait le louer, et se retiraient dans quelqu'une de ses dépendances, souvent même dans une espèce de basse-cour, appelée le Petit-Château, qui n'était séparée du grand que par l'église, le presbytère et la maison vicariale.

Antoinette-Madeleine de Lévis se remaria à un étranger, nommé Louis Audéoud, duquel, dûment autorisée, elle vendit, pour une somme de deux cent mille francs, par acte du 30 juin 1808, le reste de ses propriétés de Clichy-la-Garenne, au sieur Boigues, l'un des chefs de la fameuse bande noire qui détruisit tant de monuments des grandeurs passées, lequel revendit les terrains en détail, et fit démolir le château. La moitié du prix de la vente fut réservée au bénéfice du jeune Louis-Palamède Audéoud; le reste, employé à l'acquit des créances hypothécaires, au service des rentes viagères dont la propriété était grevée, et il ne revint aux vendeurs qu'une somme nette de sept mille sept cents francs [1].

Il y aurait ici matière suffisante à un livre sur la vanité des grandeurs et la frivolité des biens du monde. Nous laissons ce sujet aux moralistes [2].

---

[1] V. le contrat de vente, transcrit au bureau des hypothèques de Saint-Denis le 17 août 1808, vol. 66, n° 3.

[2] Armes; Masso de la Ferrière : écartelé, au 1 et au 4 d'a-

Avant cette vente, le château était loué au prince Kourakin, ambassadeur de Russie, qui y donna des fêtes et des divertissements dont la population conserve encore le souvenir.

zur, à la bande d'or; au 2 d'argent à 3 fasces de sable, à la bande de gueules brochant sur le tout; au 3 d'argent à l'arbre de sinople frété d'or.

De Lévis : d'or à 3 chevrons de sable. Les branches cadettes brisent d'un lambel à 3 pendants de gueules.

CHAPITRE HUITIÈME.

RÉVOLUTION FRANÇAISE ET RESTAURATION.

Le village de Clichy-la-Garenne se montra constamment animé d'un esprit de paix et de concorde pendant la tourmente révolutionnaire. Le fameux club contre-révolutionnaire de Clichy dont on fit tant de bruit en l'an v, tenait ses séances à Paris, rue de Clichy, mais non point au village, comme l'ont cru plusieurs historiens de Paris et de la banlieue [1]. D'un autre côté, le comité révolutionnaire local, institué en vertu des ordres de la Commune de Paris, ne manifesta aucunes tendances persécutrices ; rien n'est plus paisible que le registre de ses délibérations. Il semble que les bons paysans regrettaient le temps qu'ils passaient à ces réunions ; d'ailleurs ils savaient mieux travailler qu'écrire [2] et délibérer.

---

[1] V. *Moniteur univ.*, an v, n°° 154, 325, 326, 353.

[2] Voici comment un président de ce même club écrivait à un membre du tribunal révolutionnaire :

Ce vingt-cinq germinal Lan 2ᵐ de Lare publique francoise une E indvisible.

     Citoyen

tut ronvas ra Cigointe Le pros Cest Verballe Cons serpant les nommée De St Priest son Epousse E leurs Anfant.

    Salue fraternitee

      Signé N...., Presidans.

L'esprit public manquait d'une direction énergique dans le sens de la révolution. Les registres civils présentent, il est vrai, des prénoms singulièrement révolutionnaires ; tels que ceux-ci : Branche-d'Amour, Messidor-Franciade, Jean-Jacques-Marat, Brutus, Franklin-Lepelletier, Liberté-Vainqueur, Victoire-Lamontagne, Achille-Fleur-d'Epine, Chevrefeuille-Sophie, Messidor-Jeudi ; mais ce sont des écarts plutôt que le résultat d'un concert.

Le respectable abbé Charles participait à toutes les délibérations populaires ; il resta à son poste jusqu'à ce qu'il fût devenu impossible. Mais enfin, lorsque la loi du 26 décembre eut fait une injonction spéciale aux ecclésiastiques en fonction de prêter serment de fidélité à la constitution civile du clergé, il n'osa s'engager plus avant. Il demanda à mettre des réserves, qui ne furent point acceptées, et se retira devant un intrus, nommé Marie-

Barthélemi Lemagnen, premier vicaire de Boulogne, envoyé par la Commune de Paris, lequel prit possession le 3 avril 1791. Avant son départ, il appura, en présence de l'assemblée de la Commune, les comptes de sa gestion, qui remontait à plus de trente années, reçut un vote unanime de remercîments, et déposa une offrande patriotique de six cents livres. Condamné bientôt à la déportation, comme prêtre réfractaire, il crut pouvoir se faire pardonner son refus de serment, au moyen d'une seconde offrande patriotique de cinq cents livres, mais la Convention ne voulut pas l'accepter [1]. Il traversa la Révolution au sein de sa famille à Paris.

Les choses seraient allées au mieux, si le clergé catholique avait pu concilier ses devoirs avec les exigences révolutionnaires. L'esprit

---

[1] V. *Moniteur univ.*, an 1, n° 56.

religieux était puissant ; personne, parmi le peuple, ne pensait au schisme, personne ne l'entrevoyait ; ajoutons que personne ne comprenait les scrupules du clergé, et ne soupçonnait les périls de la voie dans laquelle on s'engageait.

Le 29 octobre 1790, une plantation de croix avait eu lieu sur la place publique de Monceaux, avec une grande solennité civile et religieuse, en vertu d'un arrêté du conseil municipal de la commune, et en remplacement d'une ancienne croix, renversée par accident il y avait plus de vingt ans. Le 3 février suivant, un autre arrêté, également délibéré en conseil municipal, prescrivait les mesures les plus rigoureuses contre tous ceux qui manqueraient à la sanctification du dimanche, soit en travaillant, soit en vendant des boissons ou des aliments pendant les heures des offices. Il portait défenses et inhibitions très expresses de causer ou de badiner dans l'église, de donner à manger en gras les jours maigres, de tenir jeux de cartes ou de hasard, et de donner à danser sans une permission spéciale du procureur de la commune. Dans le même temps, les paroissiens réclamaient à l'unanimité la fondation d'un titre vicarial, afin d'avoir une messe de plus le dimanche.

Déjà cependant le frein était brisé; les désirs du peuple étaient devenus des requêtes impérieuses, auxquelles il était dangereux de résister. On en vit un exemple le 27 mars 1791. Un *Te Deum* avec salut solennel du Saint-Sacrement avait été ordonné par les vicaires généraux, en l'absence de l'archevêque; le curé l'avait annoncé au prône pour trois heures. La garde nationale et la municipalité se rendirent à l'église, mais tout étant terminé à leur arrivée elles demandèrent la répétition de la cérémonie, et le curé s'y prêta de bonne grâce. Les habitants de Monceaux exigèrent que pareil office fût célébré dans leur chapelle ; l'assemblée tout entière s'y transporta, mais le vicaire refusa son ministère, sous prétexte qu'il lui faudrait pour cela de nouveaux ordres. Il faillit lui en coûter la vie, car le peuple voulut le lapider, et n'en fut empêché que par la contenance de l'autorité. La foule se dédommagea du moins en chantant elle-même le *Te Deum* dans la chapelle, et ensuite *Domine,* Salvum *fac legem; Domine,* Salvum *fac gentem; Domine, Salvum fac regem*.

Le 12 août 1792, la commune, après deux délibérations solennelles, refusait itérativement de laisser transporter les cloches et l'argenterie de l'église à l'hôtel des Monnaies, et arrêtait à l'unanimité que chaque chose resterait à sa place, en tel état qu'elle s'y trouvait. Elle céda le 7 octobre 1793, et donna même cent deux francs à un ouvrier nommé Fallot, pour descendre les cloches, et trente-cinq francs à des individus qui s'étaient attribué la mission de gratter les fleurs de lis et les armoiries peintes dans l'église. On avait fait alors bien du chemin.

Le citoyen Lemagnen ne montra ni beaucoup de zèle, ni un esprit conciliant. Il se brouilla de bonne heure avec la municipalité. Son vicaire, choisi et muni de pouvoirs par lui, était un sieur Dufy, prêtre habitué à Passy, partisan plus ardent encore, s'il était possible, que son curé, de la Constitution civile, et qui prêta serment quatre fois, sur sa propre demande. Enfin le 1er frimaire an II, l'abbé Lemagnen jeta définitivement le masque dont il avait jusque là couvert son hypocrisie, en renonçant à ses fonctions, à son titre et à son caractère, par la remise de ses lettres de prêtrise. Apostasie qui prouva une fois de plus que ceux qui avaient été assez téméraires pour s'engager par des serments réprouvés de l'Église, n'étaient plus, ou n'avaient jamais été dignes d'être ses ministres.

Le 18 mai 1790, les habitants s'étaient portés en foule vers les *remises du roi*, pour couper les arbres et arracher les taillis. Le maire, averti sur-le-champ, arrêta de s'y transporter *le lendemain, heure de midi*. Il y trouva encore quelques retardataires, occupés à terminer la besogne; il en fit saisir trois ou quatre, les emmena à la mairie, leur adressa une semonce, les remit en liberté *pour cette fois*, et leur fit rendre leurs outils. A part les intérêts de l'ordre et de la justice, qu'il devait protéger comme magistrat, il avait bien compris comme administrateur ceux de ses administrés.

On appelait du nom de remises du roi, de petits carrés de bois servant de refuge au gibier, dans lesquels les gardes des plaisirs de

Sa Majesté avaient soin de le nourrir pendant l'hiver, et de le faire propager. Ces remises dépendaient de la capitainerie de la Varenne; il y en avait dix-sept dans la paroisse, contenant ensemble dix-huit arpents et cinquante-deux perches et demie de terrain.

Il est facile de concevoir combien de haine, de dépit et de mauvaise humeur devaient être amassés dans le cœur des villageois contre les hôtes de ces bois, qui leur causaient en été des dégâts auxquels il était défendu de mettre obstacle, et qui leur attiraient à l'automne des chasses destructives des derniers produits de la saison. Les droits de chasse des seigneurs et des rois, respectables peut-être dans leur origine, alors purement historique, étaient ce qu'il y avait de plus intolérable pour le peuple des campagnes.

La Bastille avait été démolie le 14 juillet 1789, par les mains de ceux-là même qu'elle ne menaçait aucunement, puisqu'elle ne s'ouvrait guère que pour les grands seigneurs ; mais ses débris, comme autant de lambeaux d'un étendard conquis sur l'ennemi, devaient servir de stimulant au patriotisme des citoyens qui s'attiédissaient dans la sainte cause de la liberté. Un sieur Palloy, entrepreneur de maçonnerie, profitant de cette circonstance pour faire une réclame, et divulguer son adresse, imagina d'envoyer dans les chefs-lieux des quatre-vingt-trois départements un relief en plâtre représentant la forteresse démolie, et un plan gravé du même édifice, incrusté dans une pierre provenant de ses débris : il prit à cette occasion le titre de *patriote* par excellence, et se donna pour *apôtres* ses propres ouvriers. La commune de Clichy reçut un pareil envoi ; la patriotique relique fut posée en grande cérémonie le 13 juin 1791, en présence des autorités locales, et scellée dans le mur de l'église, à l'intérieur, en face de la porte latérale, à huit pieds de hauteur, sous la direction de trois des apôtres du citoyen Palloy. Le discours prononcé dans cette circonstance par le chef de la mission apostolique est plein d'énergie et de phrases ronflantes, comme on en faisait alors.

« Citoyens et Messieurs, dit l'apôtre, nommé Vallée, la liberté a répandu son influence sur toutes les parties de l'empire français. La Bastille et ses ténébreux cachots ont disparu sous les efforts du patriotisme, et je viens, au nom du patriote Palloy, en déposer les débris au milieu de vous, pour entretenir et perpétuer votre haine pour les tyrans et les despotes.

« Vous vous rappelez encore avec une sainte indignation les attentats de ces hommes pervers, de ces êtres vils qui, engraissés du sang des peuples, avaient fondé leur bonheur sur la misère de leurs semblables ; ils étaient les sacrificateurs, nous étions leurs victimes ; dans le plus beau pays de l'Europe, sous le climat le plus heureux, l'homme, né libre, vivait dans les fers. Le fléau des impôts accumulés pesait sur le peuple, et le peuple économisait les deniers de la misère pour assouvir des profusions révoltantes, qui avaient tari les trésors de l'Etat. La superstition avec son ignorance, l'intolérance avec ses fureurs, l'ambition avec son audace, l'orgueil avec ses mépris, l'or avec son insolence, le despotisme avec ses bastilles, ses verrous, ses chaînes et ses satellites, avaient fait de la France une vallée de larmes, de contrainte et d'esclavage. Aujourd'hui le citoyen a recouvré ses droits, la barbarie de la féodalité a disparu, la loi est devenue souveraine, les impôts sont répartis avec une juste proportion, les barrières qui entravaient nos relations commerciales sont renversées, des parlements qui vendaient la justice au poids de l'or sont remplacés par des tribunaux assis sur l'empire de la loi, des prélats orgueilleux sont remplacés par des hommes vertueux, qui font bénir la religion et l'humanité, une milice citoyenne, guidée par l'honneur et le patriotisme, est la sanction des lois, la garde du trône et la sûreté de l'Etat; voilà ce que nous avons fait, voilà l'ouvrage des Français.

« Vos enfants rediront ces faits et béniront notre mémoire ; emparons-nous de la génération qui naît, qui court à la *buberté;* qu'à peine échappé de ses langes, l'enfant, sur le sein de sa mère, dans les bras de son père, apprenne à balbutier ces mots de la Nation, la Loi, le Roi. Qu'à ces noms révérés son œil étincelle, son cœur palpite, son âme s'embrase, et qu'il augmente déjà le nombre des citoyens toujours prêts à défendre la raison et la patrie.

« Pour vous, sages magistrats d'un peuple

qui a décoré votre civisme de l'écharpe citoyenne, faites fleurir, faites circuler les lois, et vous, garde nationale citoyenne, l'honneur de votre pays, protégez-les, défendez-les ; que tous vos efforts déjouent les projets des traîtres et des fanatiques ; propagez vos lumières, vos sentiments civiques dans tout le canton dont votre pays est le chef-lieu, et dites à tous les citoyens qu'un ami de la liberté, que le patriote Palloy, a arraché la dernière pierre de la Bastille, qu'il la leur offre ; mais qu'ils auront fait plus que lui encore, si, esclaves de la raison, ils font fleurir la liberté à côté de la loi. »

Mis en demeure de déclarer à l'Etat les biens nationaux compris dans l'étendue de la commune, le conseil municipal, qui désirait sans doute en soustraire une portion au bénéfice de la localité, se contenta d'en dénoncer, par délibération du 18 juillet 1790, seulement cinquante-sept arpents appartenant à l'abbaye de Montmartre, le fief de la Panneterie et une grange de dîme, d'une superficie de trois perches, à l'abbaye de Saint-Denis, cinq ou six arpents, aux Mathurins et dix-sept arpents des remises du roi. Mais l'œil des agents du domaine était trop clairvoyant pour se laisser tromper ; ils firent un relevé plus sérieux, sans parvenir cependant à le rendre complet. Dans le courant des années 1793 et 1794, il fut vendu au préjudice des Filles-Dieu de Paris pour 41,030 livres de terrains, en dix-neuf lots ; au préjudice des religieuses de Montmartre, pour 120,830 livres, en vingt-quatre lots ; au préjudice des religieux de Saint-Denis, pour 16,500 livres, en sept lots, non compris la grange de dîme, vendue 1,825 livres ; au préjudice des Mathurins de Paris, pour 20,625 livres, en quatre lots ; au préjudice de la fabrique de Saint-Philippe-du-Roule, pour 68,625 livres, en vingt-deux lots; au préjudice de la fabrique de Saint-Laurent, pour 2,145 livres, en deux lots; au préjudice de la fabrique de Saint-Ouen, pour 2,616 livres, en deux lots; au préjudice de la fabrique de Montmartre, pour 11,555 livres, en onze lots; au préjudice de la fabrique de Clichy, soixante-cinq arpents en quatre-vingt-neuf parties, pour le prix de 86,260 livres, non compris le presbytère, la maison vicariale, la chapelle de Monceaux, plusieurs parcelles demeurées inaperçues, et restées jusqu'à ce jour aux mains des détenteurs d'alors ou de leurs héritiers [1]. Le domaine royal fut vendu 10,650 livres. La maison vicariale et ses dépendances, d'une superficie de deux cent vingt mètres carrés, fut vendue 6,300 francs le 26 vendémiaire an VII.

---

[1] La fabrique de Clichy possédait en outre plus de quatre cents livres de rente sur divers particuliers.

Le presbytère fut vendu le 19 germinal, en la même année, la somme de 687,000 francs, en assignats. Il contenait une superficie de neuf cent douze mètres. Jusque là il avait servi de lieu de réunion aux séances du conseil municipal. La commune l'a racheté en 1824, au prix de 7,000 francs, pour le rendre à sa première destination [1]. L'église avait été conservée pour les fêtes patriotiques ; elle fut soumissionnée avec la place qui est au devant pour le prix de 4,000 francs le 5 prairial an IV, par le citoyen Louis-Alexandre-Nicolas Deligny, mais non aliénée. L'office public interrompu pendant quatre années, y recommença en 1797, ainsi que les registres en font foi. La chapelle de Monceaux, d'une superficie de

---

[1] Cet édifice avait été construit en 1771, sur une adjudication de 8,350 livres ; mais la dépense totale s'éleva à plus de 12,000, tant à cause de consolidations imprévues de terrain, que par suite de changements au plan primitif.

vingt-six toises, avait été vendue au prix de 8,500 francs le 5 messidor an IV [1].

Il ne fut vendu du superbe château des ducs d'Orléans, qu'une portion insignifiante de terrain, pour le prix de 9,416 livres ; c'est, avec le château de la Planchette et ses dépendances, adjugé en seize lots pour 82,325 livres, et la propriété du fermier général Lavoisier, divisée en dix-neuf lots et vendue 64,390 livres, tout ce qu'il fut vendu de biens d'émigrés dans la commune. Ces diverses ventes produisirent une somme totale de 1,240,681 livres, susceptible d'être réduite à 560,000 francs, vu le prix exagéré du presbytère.

Les propriétés aliénées furent adjugées au

---

[1] Cet édifice, encore existant, fait partie de la propriété de M. de Guingand, ancien notaire, place Lévis. Sa cloche, nommée Etiennette, qui, dit-on, n'avait pas le droit de sonner en même temps que celle de Clichy, sonne maintenant en toute liberté sur le portail de l'église de Batignolles.

prix moyen de 1,250 francs l'arpent, somme élevée pour le temps. Il est vrai que les acquéreurs se libéraient en assignats, mais alors ils n'étaient pas encore dépréciés.

Le palais des ducs d'Orléans, resté dans le domaine national, fut donné par Napoléon à l'archichancelier Cambacérès, puis réuni de nouveau quelques années plus tard, et enfin, lors de la restauration, rendu à la famille d'Orléans.

Les audiences du bailliage de Clichy s'étaient tenues au château seigneurial jusqu'au 24 janvier 1791 ; mais en ce jour la municipalité alla fermer la salle des séances, et apposer les scellés sur les armoires qui contenaient les minutes, en vertu d'une proclamation du roi datée du 19 octobre précédent. Déjà Louis XIV, par un édit de février 1674, avait essayé de détruire les justices féodales de la banlieue, et de les réunir au Châtelet, ainsi que toutes celles de la ville, sans pouvoir y réussir, parce que les seigneurs ressaisissaient peu à peu leurs droits, à mesure qu'on les leur enlevait; mais, cette fois, la grande révolution fut plus puissante que le grand roi. La justice de Clichy ressortissait en appel au Châtelet. Le tribunal était composé d'un juge, d'un lieutenant, d'un greffier, d'un procureur fiscal, d'un substitut, de quatre procureurs, de deux huissiers et d'un voyer.

Le 1er janvier 1789, Clichy perdit une portion considérable de son territoire et de sa population, par l'adjonction à la ville de Paris de toute la partie renfermée dans la nouvelle enceinte. Le chiffre de la population se trouva réduit à 2,025 habitants, suivant un état dressé le 14 avril 1791. On lui voit subir ensuite une diminution considérable dans l'espace de dix-neuf années, sans cause apparente, mais certainement par suite du retrait de la classe aisée, qui soldait une nombreuse domesticité, et se livrait à de grandes dépenses. En 1810, il ne restait plus que 1,691 habitants, desquels, 508 répartis entre les villages de la Planchette, de Monceaux et de Batignolles, dont le nom apparaît ici pour pour la première fois.[1]

Malgré la faiblesse de ce chiffre, Clichy était plus populeux qu'aucune des communes environnantes, si on en excepte Neuilly, avec lequel il rivalisait. En 1791, Montmartre comptait 197 *citoyens actifs;* Neuilly, 305 ; La Chapelle, 292 ; Saint-Ouen, 157 ; Clichy, 315. Montmartre avait 225 hommes de garde nationale ; Neuilly, 321 ; La Chapelle 292 ; Saint-Ouen, 157 ; Clichy, 305. C'est à ce titre, sans doute, qu'il dut le pri-

---

[1] Il y avait un chantier dit des Batignolles, mais non encore un village.

vilége de devenir chef-lieu de canton de ces quatre paroisses, auxquelles celle de Villiers-la-Garenne semble adjointe seulement pour mémoire ; mais Neuilly ne tarda pas à lui ravir l'honneur de la primauté.

Le comité révolutionnaire de Clichy-la-Garenne accueillit avec des transports de joie le fameux décret de Robespierre sur l'existence de l'Etre-Suprême [1]. Cependant la révolution avait fait une blessure profonde aux croyances et aux pratiques religieuses. La publication du Concordat, en 1802, rendit bien au culte sa liberté, mais elle ne pouvait réparer un pareil

---

[1] On ne savait pas alors que ce fameux décret avait été préparé dans les conciliabules de Catherine Théos, autrement dite la Mère de Dieu ; pauvre vieille folle habitant un galetas de la rue Contrescarpe, qui croyait être la mère de Dieu, expliquait l'Apocalypse, et guérissait les malades en les baisant au front. Elle avait illuminé Robespierre, qu'elle appelait son cher fils, et qui était un de ses plus fidèles disciples. (V. *Biogr. univ.*, art. *Théos*, et les *Mémoires* de Senart.)

malheur, car il n'est pas donné à la loi, qui n'a qu'une action extérieure, de guérir les plaies de la conscience.

L'ouverture des églises constata l'état déplorable auquel la religion se trouvait réduite, en révélant l'apathie et l'indifférence qui avaient pris dans les âmes la place de cette foi vive, de ce zèle pieux, que nous avons remarqué précédemment. Les offices n'étaient plus fréquentés, le dimanche n'était plus observé ; le soin des intérêts matériels était devenu la loi suprême. Il y avait eu plus de mal fait en quelques années, qu'un demi-siècle n'en pourrait effacer.

Deux dames charitables, Mmes Récamier et Dizmer, donnèrent le linge et les ornements nécessaires pour le service divin. L'abbé Mireur, promu à la cure en 1804, érigea un autel de marbre à saint Vincent de Paul, dans une chapelle précédemment dédiée à sainte

Geneviève [1]. Mais l'église demeura dans un grand délabrement, dans un état d'indigence pénible à voir, si l'on s'en rapporte au récit d'un écrivain qui la visita en 1815, avec un officier irlandais de l'armée d'invasion, appelé en ces lieux par sa piété et sa reconnaissance envers le généreux bienfaiteur de l'Irlande, l'illustre Vincent de Paul [2].

En 1814, le 30 mars, un combat s'était donné au village de Batignolles, entre l'armée russe commandée par le général Langeron, et les divisions des ducs de Raguse et de Trévise, secondés par huit à dix mille gardes nationaux et les élèves de l'école Polytechnique. L'auberge du père Latuille, située

---

[1] Cet autel coûta 700 francs, produit d'une souscription à laquelle le cardinal Maury, qui gouvernait alors l'église de Paris, s'associa pour une somme de 100 francs.

[2] De Reboul-Berville. (V. *Vie de Saint Vincent de Paul*, à la fin de l'ouvrage.)

près de la barrière, acquit à cette occasion une grande célébrité, parcequ'elle servit d'ambulance pour les blessés, et de lieu de raffraîchissement aux combattants. Il s'agissait pour Langeron de s'emparer de Montmartre, déjà cerné de l'autre côté par les détachements des généraux prussiens Kleist et Jorek; mais il fut repoussé avec une grande perte d'hommes, et obligé de renoncer à l'entreprise.

L'invasion de 1815 ruina presque de fond en comble le village de Clichy. Les habitants, beaucoup plus effrayés que la première fois, l'avaient abandonné; ceux-ci cherchant un refuge dans Paris même, ceux-là fuyant dans toutes les directions, sans autre but que de s'éloigner du théâtre de la guerre. Aussi lorsque, par suite de l'article VIII de la convention du 3 juillet, les Anglais et les Prussiens se présentèrent pour prendre leurs logements, et qu'ils trouvèrent le village désert, ils s'irritèrent, saccagèrent les maisons, et gaspillèrent ce qu'ils ne purent consommer.

L'image de la guerre ne cessa de planer sur le village pendant ces deux années ; car, à défaut de combats sérieux, les ducs d'Angoulême et de Berry simulèrent une bataille le 19 octobre 1814, dans la même plaine où Labienus avait combattu dix-neuf siècles auparavant ; seulement le résultat fut inverse : cette fois, les troupes appuyées au bois de Boulogne se trouvèrent subir la défaite.

Après 1815, la population prit de tels accroissements, qu'il devint nécessaire en 1830 de réunir les deux villages de Batignolles et de de Monceaux, pour former une nouvelle paroisse [1]. Depuis lors, cette paroisse a pris elle-même un si grand développement, qu'elle

---

[1] Elle fut érigée par ordonnance royale du 10 février. Le recensement de 1846 porte à 19,380 le nombre des habitants ;

compte maintenant près de vingt-cinq mille âmes.

Son église, dédiée à la mère de Dieu, a remplacé une chapelle érigée en 1828 sous le même vocable, à cause d'une statuette de la Vierge trouvée dans les fondations par les ouvriers occupés à les creuser. Cette chapelle avait été élevée en grande partie aux frais de Charles X et de la duchesse d'Angoulême; l'archevêque, Hyacinthe de Quélen, et ses deux grands vicaires donnèrent une somme de 1,200 francs pour aider à l'acquisition du mobilier.

L'accroissement du village de Clichy, qui compte environ six mille habitants, a été beaucoup moins rapide, parcequ'il a trop né-

---

depuis lors il s'est encore accru d'une manière considérable. Cette commune a payé en 1847, 171,866 francs de contributions de toute nature ; ses revenus se sont élevés en 1845, à 194,695 francs.

gligé ses propres intérêts. Il n'a réclamé ni contre la suppression du chemin de la Planchette dans la traversée du parc de Neuilly, pendant l'administration de Jean Paillé, maire depuis 1805 jusqu'en 1815, suppression qui le rend une impasse; ni l'établissement d'une station des chemins de fer de Rouen, de Versailles et de Saint-Germain; ni le voisinage du pont d'Asnières, qu'aucune raison n'obligeait d'écarter des deux villages, séparés seulement par la Seine; ni la proximité du bassin creusé dans l'isolement, au bord de la plaine de Saint-Ouen.

Il lui faudrait, pour atteindre son entier développement, un pont qui le mît en rapport avec l'autre bord du fleuve, et un port de débarquement. A ces conditions, il pourrait devenir l'un des principaux entrepôts de la capitale. Jusqu'en 1789, la hanse de l'eau mettait obstacle à tout embarquement et débarquement de marchandises depuis Mantes jusqu'à Paris ; maintenant rien ne gênerait plus son commerce. Le pont est en projet [1], le port ne l'est pas.

L'époque de la révolution de juillet marque d'une manière des plus notables dans les annales de la paroisse. Le curé, après avoir subi en 1830 une émeute menaçante, qu'il calma à force de bonnes paroles, fut enfin obligé de fuir en 1831, à la suite du fameux service du duc de Berry, célébré à Saint-Germain-l'Auxerrois le 14 février. Il y assistait, et fut aperçu par quelques-uns de ses paroissiens, mêlés en curieux à la foule. Une émeute beaucoup plus formidable que la première

---

[1] L'exécution de ce projet, d'une haute importance pour la localité, mettra le village en communication directe avec la plaine de Gennevilliers et la route royale de Saint-Denis à Rouen, par le moyen d'un deuxième pont jeté sur la Seine, à Epinay. Clichy cessera alors d'être une impasse.

l'accueillit à son retour, et le contraignit de s'éloigner définitivement.

Son départ fut suivi d'un schisme déplorable, occasionné par une réponse irritante de l'archevêque, encore mal renseigné sur la gravité de la situation, à une députation des habitants, qui réclamaient le remplacement immédiat. Ils s'adressèrent alors à l'abbé Chastel, qui ne tarda pas de venir prendre possession de la cure, et installer un certain abbé Auzoux, son vicaire général à cette époque, et depuis son rival. Le premier acte du nouveau culte s'accomplit en plein air, sur un autel improvisé ; les portes de l'église ayant été fermées par ordre de l'autorité. Rouvertes de force au bout de quelques jours, l'autorité civile les fit fermer une seconde fois, et l'abbé Auzoux se vit contraint de louer un local pour y remplir ses fonctions. Quoique appuyé par de nombreux adhérents, il ne compta jamais qu'un petit nombre de fidèles et fut souvent exposé dans son église même à des scènes déplaisantes, car le schisme était moins une affaire de conscience qu'une affaire de parti : ce n'est pas à dire qu'il ait causé moins de mal, ni laissé des traces moins durables.

Enfin, par suite d'un compromis passé entre l'archevêque et le préfet, cet état de choses, aussi peu favorable à la religion qu'à la tranquillité publique, dut cesser. Le 5 avril 1833, un curé orthodoxe, Pierre Terrail, chanoine honoraire de Verdun, ancien aumônier des galères de France, reçut une institution canonique. L'influence du curé schismatique baissant rapidement, il finit par se retirer. Il a depuis reconnu sa faute, et déploré son égarement.

L'église paroissiale se trouvait encore une fois sans linge et sans ornements. L'invasion de 1815 avait coûté une masse considérable d'archives municipales, brûlées sur la place publique par la main des étrangers; le schisme de 1831 coûta à l'église presque tout son mobilier. L'abbé Terrail avait commencé à réparer cette perte, et à raviver les sentiments religieux; son successeur, Guillaume Lecot, promu à la cure au mois d'août 1841, se dévoua tout entier à la même œuvre. Il s'imposa les plus grands sacrifices pour l'embellissement de l'église et la pompe des cérémonies religieuses. Les pauvres bénirent sa bienfaisance; tout le monde rendit justice à son zèle; mais, comme si chaque révolution devait emporter un curé de Clichy [1], il fut forcé d'abandonner la pa-

---

Liste des curés promus depuis le Concordat :

Aussitôt que la paix eut été rendue à l'église, l'abbé Charles, qui s'était retiré à Drancy, chargea quelques-uns de ses confrères de la desserte de la paroisse.

N. Frison, nommé en vertu du concordat, exerça jusqu'au 23 septembre 1804.

roisse le 5 mars 1848, en présence de manifestations hostiles que les circonstances poliques rendaient plus menaçantes.

La révolution de février émut profondément la population. Elle applaudit à la chute d'un trône; mais en même temps elle fit preuve

---

Jean-Baptiste-Marc Mireur, pourvu le 11 septembre 1804, fut appelé à d'autres fonctions le 3 octobre 1815.

Jean-Baptiste de Lanne d'Aiguebelle, pourvu le 27 septembre 1815, mourut subitement le 24 décembre 1822.

Joseph Poulenc, installé le 5 janvier 1823, fut transféré à Ivry le 12 août 1829.

Louis-Nicolas-Eléonor Heuqueville, pourvu en son remplacement, cessa ses fonctions le 14 février 1831, et fut nommé à la cure de Saint-Nicolas-du-Chardonnet.

Pierre Terrail, installé le 14 février 1833, fut appelé à d'autres fonctions au mois d'août 1841, et remplacé par

Guillaume Lecot, ancien professeur de rhétorique, alors vicaire de chœur et trésorier de Saint-Germain-des-Prés. Il cessa ses fonctions le 6 mars 1848, et fut remplacé le 10 du même mois par

Etienne-Henri-Marie Delaunay, précédemment professeur de rhétorique, supérieur du séminaire de Fontainebleau, sous-directeur du collége Stanislas, alors curé d'Arcueil.

d'un grand amour de l'ordre ; et cette preuve, elle l'a renouvelée pendant les funestes journées de juin ; la garde nationale n'a cessé de se montrer animée du plus excellent esprit.

CHAPITRE NEUVIÈME.

STATISTIQUE GÉNÉRALE.

Le territoire de Clichy-la-Garenne, entièrement d'alluvion, appartient à la période diluvienne, et résulte des débris de montagnes calcaires et gypseuses, combinés sans ordre apparent avec des lits de craie, de sable impur, quartzeux, et de rognons de quartz diversement colorés. Ses eaux, impropres à l'alimentation, contiennent du calcaire en dissolution. Sa surface, généralement peu profonde, est également peu favorable à l'agriculture et aux plantations.

Le désordre si remarquable qui commence à la superficie, se continue jusqu'à une profondeur de 53 mètres; les lits de sable, de marne, de calcaire et de roche alternent sous une mince épaisseur, sans aucun arrangement et sans égard aux pésanteurs spécifiques. A 52 mètres se rencontre, dans un lit de sable grossier, la nappe d'eau ascendante du puits foré du président Crozat de Tugny. Le terrain maritime, recouvert d'une couche de marne chloritée, dont les principaux coquillages sont le cardium et le cérithium, commence à 53 mètres. La première nappe d'eau jaillissante se trouve à 64 mètres, dans un lit de sable gris, de sept mètres d'épaisseur; une seconde, d'une plus grande puissance ascendante, à 73 mètres, dans une couche de sable mélangé de lignites et de pyrites de fer, qui communiquent à l'eau une saveur sulfurée et ferrugineuse très remarquable [1].

La superficie totale de la paroisse est de quatorze cent trente arpents, ou, plus exactement, de quatre cent quatre-vingt-neuf hectares, dont trois cents, consacrés à l'agriculture, produisent en moyenne mille hectolitres

---

[1] Nous devons la plus grande partie de ces détails à M. Mulot, le célèbre auteur du puits de Grenelle, qui fora en 1841 un puits artésien dans la propriété acquise depuis par M. Maës, et qui nous a communiqué le relevé de ses observations. La sonde a traversé six couches de sable, présentant ensemble une épaisseur de 23 m. 79 c., douze couches de marne d'une épaisseur totale de 40 m. 79 c., dix couches de roches calcaires, d'une épaisseur de 5 m. 79 c. Le puits est formé de deux tubes concentriques, dont le second, d'un plus grand diamètre, est destiné à utiliser la première nappe d'eau ascendante.

de froment, quatorze cents hectolitres de seigle, mille hectolitres d'orge et d'avoine, un million et demi de kilogrammes de racines alimentaires et des quantités variables, mais peu élevées, de fourrages. On a cessé d'y cultiver la vigne, et on a bienfait.

Trente hectares environ appartiennent à la culture des plantes maraichères, dont l'élévation du prix de vente, plutôt que l'abondance, dédommage seule le cultivateur du travail excessif auquel il est obligé de se livrer. Quatre-vingt-quatre appartiennent aux voies publiques, aux cours d'eau; le reste aux constructions, aux jardins d'agrément et aux étentes des blanchisseries.

L'impôt foncier est de 23,400 francs; l'impôt mobilier, de 8,900; celui des portes et fenêtres, de 10,800; celui des patentes, de 16,100. Le produit de l'octroi est de 26,000 francs; celui du port, dont le mouvement est de trois cent cinquante bateaux en déchargement par année, de 1,900 francs; le budget de la commune, de 40,500.

Le chiffre de la population, d'après le dernier recensement, est de cinq mille neuf cent onze individus, auxquels il faudrait ajouter quatre ou cinq cents nouvelles recrues, si la cessation des travaux industriels n'avait occasionné une émigration à peu près égale. La presque totalité se compose d'ouvriers employés dans les diverses usines, d'artisans, de commerçants, de gens de métier, de cultivateurs, d'horticulteurs et de blanchisseurs de linge. Le chiffre de la garde nationale varie de huit à neuf cents hommes; la liste des jurés est de mille cinquante-quatre.

L'horticulture maraichère compte quarante établissements, et occupe cent cinquante personnes. Cent trente-sept établissements de blanchisserie fournissent du travail à plus de quinze cents ouvriers des deux sexes. On compte vingt-une fabriques de divers produits, une centaine d'entrepreneurs de travaux et d'hommes de métier, employant chacun plusieurs ouvriers; cent soixante-dix boutiques de marchandises de toute nature, quarante-cinq vacheries, comprenant chacune depuis six jusqu'à vingt vaches laitières.

Six cents enfants reçoivent l'instruction élémentaire dans dix établissements d'instruction publique [1], indépendamment de l'ouvroir des Sœurs de Charité, de deux pensionnats avec externat, qui comptent environ quatre-vingt-

---

[1] Ecole communale, filles, 85 élèves; école gratuite des Sœurs de Charité, 120. Ecole communale, garçons, 144. Beaucoup de personnes appellent de tous leurs désirs la fondation d'*Écoles Chrétiennes*. Trois écoles privées pour les demoiselles, quatre pour les garçons.

[2] Pensionnat de garçons, avec étude élémentaire de la langue latine, 60 élèves; pensionnat de demoiselles, 30 élèves.

dix élèves [2], et d'une salle d'asile, qui n'en compte pas moins de deux cents de l'un et de l'autre sexe dans les temps ordinaires.

La population était en 1792 de 1,525 habitants; elle s'éleva en 1821 à 3,018, ainsi répartis : 1,479 dans le village de Clichy, 742 dans celui de Batignolles, 760 à Monceaux, 37 à la Planchette. En 1831, après l'érection de la nouvelle paroisse de Batignolles-Monceaux, elle était encore de 3,097; en 1836, elle atteignit le chiffre de 3,440; en 1841, celui de 4,157; maintenant elle s'élève à 5,911, ainsi qu'il vient d'être dit.

L'industrie seule a déterminé ce progrès, en appelant dans la localité un grand nombre d'étrangers, et en y répandant chaque année des sommes considérables pour la main d'œuvre des objets manufacturés. La valeur des terrains propres aux constructions a suivi une marche beaucoup plus rapide encore.

En 1793, l'état industriel et commercial se réduisait à trois moulins à blé dix-huit comptoirs de marchands de vins et de bière au détail, sept boutiques de grèneterie, de fruiterie et d'épicerie, un chantier de bois à brûler, deux boucheries et cinquante ateliers de blanchissage de linge, dépensant dix-huit cents livres de savon ; trente-six livres par année et par atelier, et douze à quinze voies de charbon de terre, au prix de cent francs la voie, délivré par ordre du Gouvernement, et sur une demande exprimée par écrit.

Les plus anciens établissements industriels sont les fabriques de produits chimiques et de blanc de céruse, fondés en 1809, le premier par les frères Bernard-Nicolas et Pierre-Charles Pluvinet; le second par M. Jean-Louis Roard.

La fabrique de produits chimiques, tels que noir animal, substances ammoniacales, soudes, sels d'Epsum et de Glauber, esprit de sel, muriate de chaux, éther sulfurique[1], emploie annuellement une trentaine d'ouvriers, et recueille dans le pays même la plus grande partie de ses matières premières.

La fabrique de blanc de céruse a puissamment contribué au développement de l'art de la fabrication de la céruse en France. Les cristalleries de Clichy, de Choisy et de Bercy témoignent, par la beauté de leurs produits, des soins qu'on y donne à la fabrication du minium. Cet établissement livre annuellement au commerce douze à treize cent mille kilogrammes de céruse, de minium, de mine orange et de litharge. M. Roard a vu ses tra-

---

[1] Dépense, un million de kilogrammes d'os, au prix de 12,000 francs; quatre cent mille kilogrammes de chiffons de laine, au prix de 12,000 francs; quarante mille kilogrammes de sel marin, de grandes quantités de plâtre, et pour 30 à 40,000 francs de combustible, tant en coke et en houille qu'en bois de chauffage. Produits bruts, 220,000 francs.

vaux récompensés d'une médaille d'or, obtenue en 1819, et de l'étoile de la Légion-d'Honneur[1].

Une troisième usine, d'une grande importance également, et qui distribuait ses produits par toute la France et à l'étranger, s'était fondée en 1817 auprès du pont d'Asnières. Ajouter qu'elle vient de succomber sous les imprécations du public, autant et peut-être plus que sous ses propres infortunes, c'est nommer la boyauderie. L'établissement, occupé maintenant par une fabrique de bougies, donna de l'ouvrage dans les temps de sa prospérité à soixante-dix et même à quatre-vingts ouvriers.

Mais c'est principalement depuis 1824, que

---

[1] *Rapport du Jury central* sur les produits de l'industrie française exposés en 1844, t. II, p. 729. — Dépense, six à huit mille hectolitres de houille.

le mouvement industriel a pris une plus grande extension. Cette année fut témoin de la création d'une plomberie, fondée par M. Hardouin, négociant, et d'une fabrique de produits pharmaceutiques, par M. Pelletier, membre de l'Institut et de l'Académie royale de médecine. Les années 1826 et 1833 virent celle de deux ateliers de teinture, dont les faibles commencements étaient loin de présager l'extrême importance qu'ils ont acquise. Le premier, fondé avec quarante-cinq mille francs par M. Augustin Rouquès, pour une douzaine d'ouvriers, est arrivé à en occuper jusqu'à cent, et à jouir d'une prospérité constante[1].

[1] Dépenses pour constructions, agrandissements et machines, 300,000 francs. Teinture, chaque jour, de vingt-cinq pièces d'étoffes de soixante mètres de longueur. Le mouvement est imprimé par deux machines de la force de seize et de trois chevaux. Consommation de combustible, sept à huit mille hectolitres de houille par année.

Le second, fondé avec quatre mille francs par M. Monnier, dans le bâtiment de l'ancien lavoir, n'a pas tardé à déclarer à son aîné une puissante rivalité, et à devenir le plus vaste et un des plus importants des environs de Paris. Il a compté dans des années prospères quatre cents ouvriers, et pourrait en occuper un cent de plus. Il prépare toutes les substances tinctoriales qu'il emploie, et contient des ateliers de tous les métiers nécessaires pour l'entretien du matériel. [1].

La fabrique de produits pharmaceutiques,

---

[1] Dépenses pour acquisition de terrains, constructions, machines, etc., 1,200,000 francs. Autant d'affaires dans une année prospère. Le mouvement est communiqué par trois machines de la force de quarante, vingt et six chevaux ; celle-ci est employée à élever l'eau nécessaire à l'établissement et à la consommation du village. Réuni aux maisons Boutarel, de Paris, et Chalamel, de Saint-Denis, en 1843. Soixante-dix chaudières à l'ancien procédé ou à la vapeur, neuf générateurs, etc. Dépense, quinze à vingt-cinq mille hectolitres de houille.

établie dans une dépendance de l'ancienne habitation royale de la Planchette, donnée en 1528 par François Ier à Adrien de Courcelles, à joui pendant longtemps du privilége de fournir à toute l'Europe le sulfate de quinine; substance inventée par le fondateur, à laquelle ses succès en médecine assignent un rang distingué parmi les inventions modernes.

Après avoir apprêté chaque jour vingt mille livres de plomb laminé, de plomb de chasse ou de plomb étiré en tuyaux, la plomberie s'est fermée en 1842, et a été remplacée par un établissement de bains [1]. Sa machine, de la force de vingt chevaux, sert à faire monter l'eau de la Seine à Batignolles, et entretient dans la traversée du village de Clichy un nombre de bornes fontaines proportionné

---

[1] Cet établissement appartient maintenant par bail emphythéotique à M. Bouhier de l'Ecluse, représentant du peuple,

à celui des concessions particulières qu'elle est appelée à desservir.

L'année 1844 et les années suivantes avaient apporté à l'industrie locale un redoublement de prospérité, dont il n'était pas possible de prévoir le terme, si les malheurs publics n'étaient venus arrêter son essor. En 1844, M. Laming établit une seconde fabrique de produits chimiques, non moins importante que la première ; les appareils, montés sur une grande échelle, pourraient fournir aux besoins actuels de la consommation de l'ammoniaque et des sels ammoniacaux d'une grande partie de la France [1]. Ses procédés particuliers pour l'extraction de l'alcali volatil et du carbonate d'ammoniaque des eaux provenant de la fa-

---

[1] De quarante à cinquante ouvriers. Dépense, deux à trois mille hectolitres de houille. — V. *Rapport du Jury central*, etc., t. II, p. 752.

brication du gaz à la houille ont contribué à produire une baisse de 45 pour cent dans le prix des substances alcalines. Cet établissement fut honoré d'une médaille de bronze à l'exposition de 1844.

En 1842, M. Maës transféra à Clichy une fabrique de cristaux, établie précédemment à Boulogne, dont les produits furent très remarqués à la même exposition, et obtinrent une médaille d'argent [1].

L'année 1844, qui couronnait ainsi l'industrie de Clichy dans la personne de deux de ses chefs, voyait deux nouveaux établissements se fonder dans la paroisse : ceux de MM. Gautier, à la Planchette, et Cavé, au chantier du même nom ; le premier, pour la fabrication des couleurs et du vernis employés dans la peinture ;

---

[1] Deux cent cinquante ouvriers.—V. *Rapport du Jury central*, etc., t. III, p. 495.

le second, pour la construction des bateaux en fer laminé. Celui-ci débuta de la manière la plus brillante, en lançant, en 1845, plusieurs navires, dont l'un, *le Chaptal*, navire à hélices, armé d'une machine de la force de deux cent cinquante chevaux, attira l'admiration des connaisseurs. Tout Paris voulut voir sa construction savante et ses formes gracieuses [1].

Deux établissements s'ouvrirent encore en 1847 : une fabrique de verres à vitres, de verres de couleur et de verres cylindriques, fondée par M. Germain Duhamel, et une fabrique de blanc de zinc, par M. Leclaire, peintre en bâtiments [2].

---

[1] La fabrique de couleurs a employé trente ouvriers, avec une dépense de cinq à huit cents hectolitres de houille. La fabrique de bateaux en fer, deux cents ouvriers, au prix moyen de 40 centimes à l'heure.

[2] Le premier, dans l'espace de quelques mois, a occupé trente ouvriers, et fourni un mouvement commercial de 150,000 francs; le second a à peine ouvert ses ateliers.

Toutes ces industries, surprises en pleine activité par les événements de février, commencent à reprendre le mouvement et la vie, semblables au navire arrêté par l'orage et ballotté par la tempête, qui rouvre ses voiles aux premiers instants du calme. Il est vrai que depuis une année le mouvement commercial s'était alangui ; ce qui les a préservées peut-être des plus grands malheurs : car, plus la marche est rapide, plus la commotion produite par un arrêt subit est redoutable.

Sous la puissance d'une telle impulsion industrielle, le village a pris lui-même de grands développements ; les rues encore peu habitées ont achevé de se peupler ; des rues nouvelles ont été ouvertes : en 1821, la rue de la Fabrique, par M. Jean-Louis Roard ; en 1823, la rue Dany [1] ; la rue Dumas en 1841, par le

---

[1] Cette rue, ouverte alors par le sieur Dany, dans une par-

sieur Dumas Descombles; en 1823, un quartier tout entier, celui du Réservoir, dans l'emplacement du parc du château seigneurial. Le fondateur, Auguste Roard, fit construire aux deux extrémités de la rue principale un réservoir et un lavoir publics, alimentés par une pompe à feu, dans l'espoir que les blanchisseurs de linge, qui jusqu'alors avaient fait leurs lessives au bord de la rivière, profiteraient du double avantage d'être à couvert, et de ne plus descendre dans l'eau jusqu'à mi-jambe; mais le réservoir, en fournissant l'eau à bas prix, rendit le lavoir inutile, car les blanchisseurs préférèrent acheter l'eau, et faire l'ouvrage à domicile.

Une entreprise beaucoup plus vaste et d'un

---

tie seulement de sa longueur, se nomme maintenant rue Cousin, du nom du sieur Denis-René Cousin, qui concéda en 1828 les terrains nécessaires à son achèvement.

avenir beaucoup plus important, s'exécute en ce moment sur l'emplacement des jardins du même château, dans la propriété de M. Alexandre-Eugène Buisson, comme un premier pas dans la réalisation de la voie projetée entre Paris et Epinay par Clichy-la-Garenne. En attendant, le village en reçoit un agrandissement de moitié, sans augmentation du périmètre de son étendue.

Mais il est une dernière fondation, dont le résultat doit être en sens inverse pour la paroisse: celle du village Levalois, conçue et exécutée en 1846 par MM. Nicolas-Eugène Levalois, marchand de vins en détail, Fazillau et Poccard, ouvriers. Ce village, dont les habitants se sont constitués en conseil de famille, compte déjà dix-huit rues[1], cent quatre-vingts maisons bâties, deux cent cinquante habitants à demeure

---

[1] Rues Chevalier, Zablot, des Frères-Herbert, Fazillau, Gravel, Martinval, Froment, Vallier, Saint-Louis, Félix, de

fixe, et possédera bientôt une chapelle égale en grandeur à l'église paroissiale. Il est impossible qu'il ne se réunisse pas, dans un avenir prochain, aux villages Mayeux, de la Planchette, de Villiers et du Champerré, pour former une nouvelle paroisse. Alors le territoire de Clichy, réduit aux limites les plus exiguës, n'aura plus rien à perdre.

En 1846, le village a été doté de somptueuses écoles communales ; en 1847, de l'éclairage au gaz ; une mairie plus en rapport avec son importance est maintenant en projet [1].

Cormeilles, Fouquet, Serre, Marly, de Courcelles, du Bois, Poccard. Deux places publiques. MM. Léon Noël et de Cormeilles ont vendu les terrains au prix de 14 et 15 francs la toise. Fête du village les 8 et 9 août, à la saint Justin.

[1] Liste des maires de Clichy depuis la fondation des nouvelles municipalités :

Georges Soret, du 3 février 1790 au 12 novembre 1791.
Charles-Pierre Tiphaine, jusqu'au 14 avril 1792.
Etienne Gillet, jusqu'au 30 avril 1800.

Un établissement de Sœurs de Charité a été fondé en 1837 par le sieur Claude Houdard, moyennant un don de 30,000 francs. Deux sœurs tiennent les écoles primaires, ce qui est l'objet de la fondation ; deux s'occupent du soin des malades et de l'assistance des pauvres ; une dirige l'ouvroir, comprenant trente jeunes filles, qui reçoivent l'instruction civile et religieuse, en même temps qu'elles font leur apprentissage. Cette maison, qui est une des

---

Sébastien Chéret, jusqu'au 29 août 1805.
Jean Paillé, jusqu'au 18 août 1815.
Bonaventure-Joseph Dussart, jusqu'au 18 octobre 1823.
Jean-Pierre Bonneau, jusqu'au 20 février 1828.
Gabriel-Alexandre Buisson-Saint-Sulpice, jusqu'au 17 août 1830.
Charles-Pierre Pluvinet, jusqu'au 11 juillet 1831.
Pierre Saintard, jusqu'au 13 août 1831.
Henri-Nicolas Hugenet, jusqu'au 1er mars 1833.
Etienne-Louis Gillet, jusqu'au 12 février 1835.
Henri-Alexandre Bourgeois, jusqu'au 20 juillet 1839.
Anatole Fouquet, depuis le 21 juillet 1839.

succursales les plus importantes de la communauté de la rue du Bac, ne compte pas moins de dix-huit religieuses affectées chacune à un office spécial.

Une association de secours mutuels entre les ouvriers a été fondée en 1839, sous le patronage de saint Vincent de Paul[1]. Elle compte cent soixante membres, et possède des réserves qui la mettent à même de remplir efficacement ce but humanitaire. Le but moral est meilleur encore : c'est celui du maintien de la concorde entre les ouvriers des diverses industries. Elle a pour objet la philantropie, et pour règle la probité, la décence et les bonnes mœurs.

Un bureau de bienfaisance, fonctionnant depuis plusieurs années, a déjà rendu de

---

[1] Fondateurs : MM. Loup, Lepareur, Rouquès, Vernon, Georget, Pattu, Didier, Lalourcey, Fauchet et Lemoine.

grands services à la population indigente. On vient de fonder en outre une association de charité, chargée de recueillir des dons volontaires, et de les distribuer entre les nombreux ouvriers que la cessation des affaires à laissés sans travail.

CHAPITRE DIXIÈME.

CONCLUSION ET RÉSUMÉ.

La plaine de Clipiac, ayant pour limites au nord-est et au sud-ouest la Seine et la butte de Montmartre, des deux autres côtés le Crou et la forêt de Rouvray, faisait partie d'un territoire plus étendu nommé la Garenne. Témoin de la défaite des Gaulois commandés par Camulogène, elle recueillit le dernier souffle de la liberté d'un peuple généreux, souvent trop confiant dans son ardeur, et toujours trop abattu dans ses revers. Les Romains victorieux s'assimilèrent leur conquête, et la Gaule oublia ses fers en cessant d'être elle-même. Cinq siècles s'écoulèrent. Les Francs vinrent, non pas la délivrer, car elle n'aurait plus voulu l'être, mais lui imposer un autre joug, et lui faire subir une dernière transformation. Le plaine de Clipiac, comprise dans le domaine de leurs monarques, se vit honorée de palais spacieux, et qu'on trouvait sans doute alors magnifiques. Elle acquit de nouveau un nom important dans l'histoire, en devenant le lieu du séjour favori des rois et des princes, et celui des réunions des assemblées nationales du temps, espèces d'états-généraux, moins savamment combinés que tout ce que nous avons vu depuis ; mais moins accessibles à la corruption, car chacun des membres n'y représentait que lui-même, et en faisait partie au même titre que le monarque. Chacun, absolument indépendant dans sa sphère, avait son libre parler sans rien craindre, et sans rien espérer pour ses complaisances. Les trois pouvoirs, le roi, le clergé et la noblesse, s'y complétaient de telle sorte l'un par l'autre, qu'un seul ne pouvait rien sans l'aveu des deux autres. Au roi la puissance du commandement, à la noblesse la force des armes, au clergé l'influence de la science et du sacerdoce; mais qu'eût fait le clergé sans le pouvoir civil, la noblesse sans le roi, qui était son chef, et le roi sans les forces de sa noblesse et les lumières de son clergé. La science, pendant bien des siècles encore, devait s'appeler du nom de *clergie*.

Les noms de Dagobert et de Clovis II rappellent ceux des ministres Dado et Eloi, auxquels la France a voué un souvenir de reconnaissance non moins affectueux qu'à leurs maîtres ; ils rappellent ces maires du palais si fameux à d'autres titres, qui, économes infidèles, s'appliquèrent à faire glisser doucement entre leurs mains l'héritage dont ils étaient les administrateurs. Le dernier d'entre eux, Charles Martel, expropria enfin le maître trop confiant ; mais afin de mieux dissimuler le vol, il laissa la couronne parmi les autres joyaux légués à son fils. Lorsque Charles Martel descendit au tombeau, le souvenir de Clipiac y descendit en même temps. Il paraît que les enfants du maire ambitieux conservèrent ce domaine ; mais il est incertain s'ils y possédèrent même une masure.

Les descendants des comtes de Paris, ces autres ambitieux qui supplantèrent la seconde race, comme elle avait supplanté la première, se trouvèrent donc être les seigneurs de Clipiac. Le troisième d'entre ceux qui portèrent la couronne, Robert-le-Pieux, y aliéna une partie de ses droits en faveur d'une communauté religieuse ; le huitième en céda le reste et la propriété même, au moyen d'un échange, à l'un de ses favoris nommé Gaucher de Châtillon.

De ce moment, Clipiac, dont le nom s'était transformé en celui de Clichy, commença de vivre d'une vie nouvelle ; sa fortune devint inséparable de celle de ses nouveaux maîtres ; son histoire s'absorde dans la leur.

Aux Châtillon, qui n'eurent la seigneurie qu'un instant, succédèrent les Garlande, et bientôt à ceux-ci les Beaumont, qui la conservèrent longtemps, et vécurent au milieu de leurs serfs ; puis les Chaources et les Giac. Si l'on jugeait de la valeur des hommes par le nom qu'ils portent et par l'illustration de leur famille, plutôt que par leurs œuvres personnelles, il faudrait convenir que l'importance de la paroisse et celle de ses seigneurs allait s'amoindrissant successivement. Cette première période de la seigneurie se termina au quinzième siècle par une célébrité du genre de celle qu'ambitionnait Erostrate. La plupart des choses qui ont eu de grands commencements finissent misérablement.

Si Clichy-la-Garenne avait eu l'avantage ou le malheur de voir s'élever sur son territoire un de ces châteaux forts dont le moyen âge hérissa le sol de la France, l'archéologue, maintenant réduit à déplorer l'absence de tout souvenir historique, pourrait exercer peut-être sa sagacité sur les vénérables restes de quelques-unes de ces épopées de granit, qui racontent l'histoire et les mœurs des siècles passés avec un charme plus attrayant que celui des chroniques; l'historien aurait à redire de brillants faits d'armes, tels que ceux qui illustrèrent Montlhéri, le Puyset, Montjay et tant d'autres lieux aux souvenirs chevaleresques; mais les habitants, toujours menacés et souvent victimes des fléaux de la guerre, auraient vécu moins heureux. Ils seraient arrivés plus tardivement à l'émancipation, à cet affranchissement communal en vertu duquel nous les avons vus constitués de bonne heure en corporation municipale indépendante.

Les familles Aligret, Hennequin, de la Bazinière, qui jouirent ensuite de la seigneurie, livrées aux paisibles travaux de la magistrature et des finances, ne durent pas apporter d'obstacles aux travaux champêtres, non moins paisibles, de leurs serfs. Quand vint le tour des familles plus belliqueuses de Colbert et de Vaubrun, de Masso et de Lévis, l'existence des seigneurs et celle des vassaux étaient devenues tellement étrangères l'une à l'autre, que nulle influence entre elles ne se faisait plus sentir.

Mais une cause devait nuire singulièrement au développement de la richesse dans la paroisse de Clichy ; c'est qu'il restait à peine des terrains disponibles pour la propriété particulière. Les abbayes voisines et les fabriques de plusieurs églises possédaient un quart du territoire. Les seigneuries de Clichy, de Monceaux, de Courcelles, prenaient la moitié du reste, et le roi lui-même avait partout des taillis remplis de gibier, auquel il était interdit de donner la chasse ou de tendre des embûches. Il est impossible à l'agriculture de se trouver placée dans de plus mauvaises conditions.

La révolution de 1793 la débarrassa violemment de tous ces obstacles ; mais il en reste un dernier, qui tient à la qualité même du terroir, et qui ne peut-être surmonté qu'à force de science et d'efforts persévérants ; or, il faut bien l'avouer, la science agronomique n'est pas celle qui brille le plus dans les environs de la capitale.

Si ce n'est donc l'industrie de ses habitants, Clichy-la-Garenne n'aurait jamais retiré que de faibles avantages de son voisinage d'une grande ville. L'industrie seule a fait la paroisse ce qu'elle est maintenant. Mais l'industrie, qui procure le bien-être dans les temps prospères, est une source de calamités dans les temps de détresse, par les ruines qu'elle amoncelle, et le grand nombre de familles qu'elle laisse sans occupation et sans pain. La prévoyance, cette vertu de l'homme des champs, que la nature elle-même contraint à préparer ses ressources une année d'avance, n'est guère la vertu de l'ouvrier.

Lorsque celui-ci gagne abondamment, il dépense à proportion, et lorsque le travail vient à lui manquer, il s'en prend à tout ce qui l'environne des causes de sa misère. Il ne comprend pas assez, que la source de la richesse n'est ni dans l'élévation du salaire, ni même dans la continuité du travail; mais dans la moralité, l'économie, l'esprit d'ordre et la prévoyance.

Sous ce rapport, Clichy-la-Garenne eut moins à souffrir en 1793 qu'en 1830, et moins en 1830 qu'en 1848. Cette dernière crise a été terrible[1], et il a fallu une grande dose de patience et de résignation de la part de la classe ouvrière pour la traverser, nonobstant

---

[1] Ce serait peut-être ici le lieu de dire tout le bien dont la paroisse est redevable depuis dix années à l'administration de M. Fouquet; mais il est un temps où les faits accomplis n'appartiennent pas encore à l'histoire: c'est quand leur récit pourrait paraître élogieux.

les sacrifices que se sont imposés les chefs des diverses industries et l'administration locale, animés d'un cœur généreux et d'un esprit conciliant.

S'il est dans l'histoire de Clichy quelques noms destinés à une triste célébrité, tels que ceux de Giac et de la Reynière, il en est plusieurs dont la postérité gardera pour toujours un souvenir honorable. Gaucher de Châtillon, Guillaume de Garlande, Jean 1er et Jean IV de Beaumont, le marquis de Vaubrun et le comte de Maulevrier ont inscrit les leurs dans les fastes publics avec la pointe de leur épée.

Mais il en est un dont la gloire éclipse tous ceux-ci, celui de Vincent de Paul. Vincent de Paul fut une des grandeurs du grand siècle. Il peut être mis en parallèle avec les plus grands hommes des temps modernes ; sans avoir néanmoins besoin de cette comparaison pour paraître tel qu'il est, car il a accompli dans son genre, dans un genre qui lui est propre à lui seul, de plus grandes œuvres qu'aucun autre dans une carrière différente, et ses panégyristes n'ont à dissimuler ni une faute ni une erreur. Pourquoi ne s'est-il pas encore trouvé un historien digne d'écrire convenablement une telle vie, ou capable de s'inspirer à de telles vertus?

La paroisse de Clichy-la-Garenne, toujours croissante et toujours mutilée, n'a pas atteint son dernier progrès : ce moment est réservé pour le temps où le village ne sera plus une impasse, et où les barrières de l'octroi seront portées à l'enceinte des fortifications ; événement dont la réalisation ne saurait se faire longtemps attendre.

Puisse cet accroissement contribuer au bonheur de ses habitants, en contribuant à leur prospérité ! Mais il est aussi deux sources de bonheur qu'il ne faut pas mettre en oubli : la foi religieuse et la moralité ; la foi religieuse, qui sert de guide dans la prospérité, et de consolation dans l'adversité ; la moralité, qui prévient tant de malheurs et épargne tant de regrets. L'absence des maux, qui n'est qu'un bonheur négatif, il est vrai, n'en forme pas moins la part principale du bonheur de la vie présente.

FIN.

TABLE DES MATIÈRES.

	Pages.
A NOS SOUSCRIPTEURS.	XI
CHAP. Ier.—Epoque gallo-romaine.	1
CHAP. II.—Statistique.	35
CHAP. III.—Epoque mérovingienne.	57
CHAP. IV.—Fondation de la seigneurie et histoire des premières familles seigneuriales.	103
CHAP. V.—Suite de l'histoire des seigneurs et histoire locale.—Statistique.	145
CHAP. VI.—Saint Vincent de Paul.	183
CHAP. VII.—Suite de l'histoire locale jusqu'à la révolution française.	221
CHAP. VIII.—Révolution française et Restauration.	245
CHAP. IX.—Statistique générale.	281
CHAP. X.—Conclusion et Résumé.	305

LISTE DES SOUSCRIPTEURS.

MM.	Exemp.	MM.	Exemp.
Fouquet, maire.	20	Chandon, id.	2
Delaunay, curé.	20	Lecocq, id.	2
Les Sœurs de Charité.	15	Roard, id.	2
Vidron, organiste.	10	Masselin.	2
Noël, à Asnières.	5	Marjolin.	2
Pichon, à St-Germain-en-Laye.	5	Herbert.	2
Perceau, à Aubervilliers.	5	Levallois.	2
Schirr, vicaire à Batignolles.	5	Rohart.	2
		Fenet.	2
Monnier, propriétaire à Clichy.	3	Facillau.	2
		Cœuret.	2
Adam, id.	3	Brabant.	2
Honnet, id.	2	Tallois.	2
Rouquès, id.	2	Droux, maire de Batignolles.	1
Meslot, id,	2	Lebouteux, adjoint.	1
Lefébure de Bilmare, id.	2	Balagny, notaire, id.	1
Thuilot, id.	2	Deguingand, ancien notaire.	1
Maës, id.	2		

MM.	Exemp.	MM.	Exemp.
Himet, propriétaire.	1	Dornier.	1
Lecacheur, propriétaire		Bourlier.	1
à Clichy.	1	Buisson.	1
Laming, id.	1	Dubut (Ferdinand.)	1
Vincent (Pierre.)	1	Laporte, adjoint.	1
Bourgeois.	1	Lagoutte.	1
Chaillout.	1	Saintard, marchand.	1
Auxire.	1	Saintard, adjoint.	1
Hubert.	1	Trézel.	1
Barré.	1	Brillon.	1
Point.	1	Migault.	1
Leroy (Honoré.)	1	Breyel.	1
Gillet.	1	Pigeon fils.	1
Leloup.	1	Lemoyne.	1
Déserville.	1	Loup.	1
Cottin.	1	Gauchez.	1
Marais (Antoine.)	1	Bassompierre.	1
Haguelon fils.	1	Piret fils.	1
Lambert.	1	Reflut.	1
Boffrand.	1	Peyronnet.	1
Devallé.	1	Chabrelie.	1
Chéron.	1	Mascé (Edouard.)	1
Marie,	1	Schwaller.	1
Louvet.	1	Chaudron.	1
Durand.	1	Malle.	1
Houasse.	1	Boursier.	1
Légerot.	1	Pic.	1
Lecomte.	1	Etienne.	1
Dethan.	1	Périllon.	1
Léveillé.	1	Arsac fils.	1
Lefebvre.	1	Billard.	1
Mionnet.	1	Ferlin fils.	1
Pauvert.	1	Bureau.	1
Duhamel.	1	Gouget.	1
Tintellier.	1	Mignon.	1
Corbière.	1	Couillard.	1
Réty (Denis.)	1	Ducoudray.	1
Legendre.	1	Ducoudray.	1
Deschards.	1	Combet-Romanet.	1
Vibert.	1	Bourdon.	1

MM.	Exemp.	Mmes	Exemp.
Lelong.	1	Sergent.	1
Richard.	1	Louis.	1
Mazel.	1	Pelletier, ouvrière.	1
Pillon.	1	Dechanet, id.	1
Duval.	1	Godard.	1
Massart.	1	Freigneau.	1
Lechevallier.	1	Thiroux.	1
Raviot.	1	Guillaume.	1
Gobeltz.	1	Bertrand.	1
Nibelle.	1	Droux.	1
Amet.	1	Armangin.	1
Ession.	1		
Senet.	1	MM.	
Chenot.	1		
Cave.	1	Debeauvais, vic. de l'Abbaye-aux-Bois, Paris.	1
Gravet, ouvrier.	1		
Capaul, id.	1	Lecointre, id. St-Nicolas-des-Champs, ibid.	1
Huart.	1		
Gouillaud.	1	Rioult, id. ibid.	1
Riel.	1	Houdard, id. St-Germain-des-Prés.	1
André.	1		
Krier.	1	Massin, id. ibid.	1
Joseph.	1	Aucquier, aumônier de Bicêtre.	1
Brétaux.	1		
Boisson.	1	Boiteux, économe du sémin. de St-Sulpice.	1
Bibet, anc. gendarme.	1		
		Moitier, pharmac. ibid.	1
Mmes		Duclos, empl. aux Archives Nationales.	1
Pouget,	2	Boyer, prof. de médec.	1
Salmon.	2	Ravenel, cons. à la Bibl. Nat.	1
Bonfils.	2		
Leclerc, propriétaire.	1	Rihouëy, prof. de mathématiques.	1
Reflut, id.	1		
Gruau.	1	Chauvin (Wilfrid), élève de troisième.	1
De la Chauvinière.	1		
De Saint-Aubin.	1	Berruyer de Clarens, h. de lettres.	1
Lefebvre.	1		
Aubé.	1	Laverdet, pasteur de l'église évangélique.	1
Billot.	1		

MM.	Exemp.	Mmes	Exemp.
Biard, négociant.	1	Prout.	1
Bouhier de l'Ecluse, représentant du peuple.	1	Aldidier.	1
		Munier.	1
Lenormand, de l'Institut.	1	Violette.	1
Latouche, orientaliste.	1	Poirier.	1
Delatapie, h. de lettres.	1	Robert.	1
Le marquis d'Hosier.	1		
Le vicomte de Polard.	1	MM.	
Rouzé de Saint-Aubin.	1		
Mitouflet, imprimeur.	1	Duplantis, maire de St-Ouen.	1
Maréchal id.	1		
Guigon, négociant.	1	Lestrade, curé, ibid.	1
Carité, id.	1	Darricau, vicaire de St-Denis.	1
Simon.	2		
		Sarrazin, curé de Pantin.	1
Mmes		Grivau, propriét. à Asnières.	1
Delucheux, maîtresse de pension.	1	Chapelain, id. ibid.	1
		Capré-Buffard, id.	1
Dorval, actrice.	1	Durand, négoc. à Bercy.	1

www.ingramcontent.com/pod-product-compliance
Lightning Source LLC
Chambersburg PA
CBHW070610160426
43194CB00009B/1242